Meditation

Mieke Mosmuller

MEDITATION

OCCIDENT • BAARLE NASSAU

Ursprünglicher Titel: Meditatie
Occident, Den Haag 2001

ISBN 978-3-00-031889-4
Internet: www.occidentverlag.de
E-mail: info@occidentverlag.de
Umschlagabbildung: Michelangelo, Pietà

INHALT

In dankbarer Verehrung
dem Meister des Abendlandes
gewidmet

Einleitung

Meditation ist ein viel verwendetes Wort für sehr verschiedene Arten von mehr oder weniger im Innern verlaufender Aktivität. Es ist hier nicht meine Absicht, diese Verschiedenheit meditativer Beschäftigungen zu beschreiben. Ich will *eine* besondere Form – nach meiner Erfahrung *die* Form, die an die Situation des modernen Menschen anknüpft – hervorheben und diese so vollkommen wie möglich beschreiben, sowohl was die Bedeutung, als auch was die praktische Ausführung betrifft. Schließlich wird sich dann zeigen, dass Meditation in diesem Sinne zu einer vollkommenen Umwandlung des Bewusstseins führt.

Warum sollte man nach einer solchen Umwandlung streben?

In meinem Buch ‚*Suche das Licht, das im Abendlande aufgeht*‘ habe ich versucht, eine mehr philosophische Fundierung für die Sehnsucht nach dieser Umwandlung zu geben. Dort ging ich von der nun einmal menschlichen Eigenschaft des *Zweifels* aus, der Unsicherheit im Erkennen. Wenn man den Zweifel kennen gelernt hat – und wer kennt diesen nicht? –, kann man drei Dinge tun: Hinnehmen, dass der Mensch dazu verurteilt ist; suchen, ob irgendwo, und wenn ja, wo dieser Zweifel nicht existiert, und versuchen, auf diese Weise seiner Herr zu werden; oder wegschauen, d.h. die Erscheinung ‚Zweifel‘ einfach negieren. In ‚*Suche das Licht...*‘ habe ich den zweiten Weg im Umgang mit dem Zweifel – den Mittelweg – gesucht und gefunden.

In meinen Romanen habe ich die Sehnsucht nach einer Metamorphose des Bewusstseins ins *Bild* gebracht. In

,*Mutter eines Königs*' wird das Urbild des strebenden Menschen beschrieben, wie er aus dem Traum der unschuldigen Kindheit in das nüchterne Erwachsensein erwacht, sodann an dieser Leere zu leiden beginnt, wodurch er schließlich zum echten Kindsein zurückfindet, aber dann nicht mehr als Traum, sondern als vollkommen bewusste, ganz einsichtige Wirklichkeit.

Nach der Veröffentlichung dieser Bücher hat sich für mich gezeigt – ich wusste dies natürlich auch zuvor schon –, dass viele Menschen überhaupt keine Lust auf solche tiefgehenden Fragen haben. Ihnen wird langweilig oder sie werden böse. Man will den Menschen lieber als ein tragisches Rätsel sehen, als gerade als eine *Antwort*, eine auferweckte Antwort auf alle Rätsel. Der Materialist, der keinen Geist oder Gott wahrhaben will, findet sich mit mehr oder weniger großem Lustgefühl mit dem tragischen Ende ab, das jedes Menschenleben erwartet: dem Tod. Der Gläubige, der nicht selbst denken darf, sondern seine Gedanken und Gefühle nur entlang vorgeschriebener Wege bewegen darf, will passiv vor dem großen Welträtsel, das in einem unerkennbaren Gott gipfelt haltmachen.

Warum sollte man nach der Umwandlung des Bewusstseins streben? Man wird nicht mit diesem Streben geboren. Ein junges Kind lebt in völliger Hingabe und in Hinnahme des Lebens und der Möglichkeiten, wie sie nun einmal sind. Die Unschuld geht verloren, in der Pubertät sehen wir eine Unzufriedenheit entstehen, eine Enttäuschung über die Tatsache, dass die Welt mit den Menschen so ist, wie sie ist. Dann erwacht bereits das Streben nach Umwandlung des immer nüchterner werdenden Bewusstseins, ein Streben, das dann so oft Befriedigung im Drogenkonsum sucht. Das enorme

Problem des Drogen- und Alkoholkonsums in der Jugend ist doch ein Beweis für die nagende Unzufriedenheit mit dem intellektuellen Bewusstsein. Die Jugend schreit nach Verständnis; die Erwachsenen, die ihre Sehnsucht längst vergessen haben, antworten mit *mehr* Druck, mit *mehr* intellektueller Belastung, und fragen sich verwundert, was bloß in die Kinder von heute gefahren ist!

Dieses erwachende Verlangen nach einer idealen Welt kann auch wiederum verschiedene Wege gehen, eigentlich noch jenseits jeder ‚Schuld' des jungen Menschen: Es kann den verkehrten Weg der passiven Trübung des Bewusstseins gehen, es kann tief unter der Ratio begraben werden, es kann aber auch still wachsen – im geduldigen Erwarten dessen, was das Leben noch bringen wird. Der dritte Weg ist der Mittelweg und eine Aufgabe für die Erzieher. *Sie* könnten dem Kind ein Vorbild sein, wodurch es die Hoffnung auf ein später im Leben sich ereignendes Wachstum hin zum echten Mensch-Sein entwickeln könnte.

‚Mach dich auf den Weg!' möchte man der heranwachsenden Jugend zurufen. ‚Halte deine Augen und Ohren offen für *alles*, was dir begegnet. Lerne das Leben und die Menschen kennen, indem du darauf eingehst. Versuche, das, was du nun einmal tun musst, *gern* zu tun, und sieh, dass man fast allen Menschen ihrem Wesen nach *vertrauen* kann!' Aber dieser Aufruf hat nur Sinn, wenn der Erzieher selbst sich bemüht, danach zu leben.

So kann die Sehnsucht vorläufig im Kennenlernen des Lebens befriedigt werden. Aber unter der Oberfläche wächst sie still zu einem ‚Grenzerlebnis' heran. Besser als *Goethe* kann ich es nicht ausdrücken, darum hier ein Zitat

11

aus seinem Gedicht ‚*Die Geheimnisse*‘:

> ‚*Denn alle Kraft dringt vorwärts in die Weite,*
> *Zu leben und zu wirken hier und dort;*
> *Dagegen engt und hemmt von jeder Seite*
> *Der Strom der Welt und reißt uns mit sich fort.*
> *In diesem innern Sturm und äußern Streite*
> *Vernimmt der Geist ein schwer verstanden Wort:*
> *Von der Gewalt, die alle Wesen bindet,*
> *Befreit der Mensch sich, der sich überwindet.*‘

Die Sehnsucht kommt beim Erwachsenen in vielen Formen zur Erscheinung. Meistens äußert sie sich in einer Depression, Überspanntheit oder in einem Burn-Out-Syndrom. Sie kann aber auch mehr körperlich zum Ausdruck kommen, zum Beispiel in jenem Krankheitsbild, das den Namen der Verlegenheitsdiagnose ‚Chronische Erschöpfung‘ trägt. Es rumort etwas auf dem Boden der Seele, was in das Bewusstsein hinauf will, dort aber zunächst in einer vollkommen anderen Gestalt zum Vorschein kommt. Die Heilung besteht darin, sich aus dieser Einsicht heraus zu innerlicher Aktivität zu entschließen. Diese innerliche Aktivität jedoch liegt gebunden, durch die ‚Gewalt, die alle Wesen bindet‘. Es bedarf großer Willenskraft, um sich von diesen Banden zu befreien.

Man hat das Gefühl, dass einem *gerade* diese Willenskraft fehlt. Außerdem ist die in der Tiefe der Seele wirkende Sehnsucht nach dem Geist nicht direkt erkennbar.

Warum sollte man nach einer Umwandlung des Bewusstseins streben?

Das Interesse dafür kann auf alle möglichen Arten geweckt werden. Wenn einem im Leben etwas begegnet, was mit dieser tiefen Sehnsucht korrespondiert, kann dieses ‚Etwas‘ die Kräfte in der Seele entbinden. Das kann ein Buch sein, ein Gespräch, ein Geschehnis. Es braucht überhaupt im erwachenden Menschen kein religiöser Hintergrund da zu sein, auch kein intellektueller Hintergrund. Nach jahrelanger Erfahrung mit Meditation und mit Menschen, die meditieren wollen, glaube ich sagen zu dürfen: Es gibt nur *eine* Voraussetzung. Diese Vorbedingung wird nicht *vorab* gestellt, sondern sie rächt sich von selbst, wenn ihr nicht entsprochen wird. Es ist schwer, diese Voraussetzung in Worte zu fassen, weil die Worte ausgetretene Pfade sind, gepflastert mit Vorurteilen. Dennoch muss ich sie hier benennen:

Es gibt nur eine Voraussetzung: Liebe zur menschlichen Güte. Man muss die *Heiligkeit* lieben (lernen), will man mit der hier beschriebenen Form der Meditation etwas erreichen. Nur muss der Begriff ‚Heiligkeit‘ auch richtig erfasst werden. Es geht nicht um Selbstaufopferung, um einfache Frommheit Man braucht auch keine visionen zu haben. Es geht um Liebe zur Entwicklung, zum innerlichen Streben nach einer immer weitergehenden Vollkommenheit von Denken, Fühlen und Wollen. Lust an Spott, Hass, Zweifel und Angst sind absolute Gegenkräfte der Meditation und nehmen ihr *allen* Sinn.

Das Streben braucht zunächst nicht frei von Egoismus zu sein, kann es sogar nicht sein. Ein Streben nach Vollkommenheit hat ja ganz besonders mit dem ‚Selbst‘ zu tun. Der selbstsüchtige Aspekt wird im Gleichgewicht gehalten, indem man mehr Gleichgewicht, Unbefangenheit, Kraft, Positivität, Heiterkeit erlangt. Vor allem wird man für die Umgebung ein angenehmer Mensch. Man braucht nicht damit anzufangen, gute Taten zu vollbringen. Der

Weg beginnt im Innern, im ‚Geheimen‘, dort, wo kein anderer Mensch Zugang hat. Dort, im Geheimen, lernt man, auf eigenen Füßen zu stehen, man wird da erst wirklich erwachsen. Man entwickelt einen kräftigen Punkt von Selbstbewusstsein. Dieser Punkt kann durch keinen einzigen Lebenssturm mehr vernichtet werden. Und er bleibt kein Punkt, er wächst heran wie ein Baum aus einem kleinen Samenkorn ... bis er die ganze Welt umfassen kann. Aber die ersten Schritte auf dem Weg zu jenem weltumfassenden Sein bringen keine Glückseligkeit. Sie bringen die vollkommene, ehrliche Konfrontation mit dem eigenen Wesen, wie es war, ist und möglicherweise einmal sein wird. Das Erste, was man ‚sehen‘ darf, ist nicht die Schönheit des All, sondern die Ohnmacht des eigenen Selbst. Die erste Aufgabe der sich entwickelnden Kraft ist es, diesem niederen Selbst in die Augen zu sehen und es umzuwandeln. *Diese* Umwandlung öffnet zugleich das Tor zum All. Die langsame Auflösung des niederen Selbst durch eigene Kraft *ist* das Zerreißen des Vorhangs des Tempels von oben bis unten, ist das Entschleiern der Isis. Kein Sterblicher hat je das Antlitz der Isis geschaut. Wohlan, so wollen wir uns auf den Weg machen, um unsterblich zu werden.

Der Wille

Wir haben mit der Meditation kein anderes Ziel als nur Entwicklung. Die kahlen Winterzweige des Rosenstrauches haben nicht das *Ziel*, im Frühling die zarten, dunkelroten Sprossen hervorzubringen. Es liegt einfach in ihrer Natur, es so zu tun. So liegt es einfach in der Natur des Menschen, seinen Geist zu gebären. Nur steht hier die bewusste Seele zwischen Natur und Geist. Sie kann in voller Freiheit *wollen* oder *nicht wollen*. Wenn der Rosenstrauch nicht austreibt, haben äußere Umstände Schuld daran. Wenn die Seele nicht ‚austreibt‘, liegt das vollständig an *ihr*. Sie hat die Potenz, aber sie muss *wollen*. Das Nicht-Wollen ist eine starke Eigenschaft der Seele, und sie übersetzt dieses Nicht-Wollen in zahllose Trugschlüsse. *Alle* Entschuldigungen, nicht an sich selbst zu arbeiten, beruhen auf Nicht-Wollen. Und die Freiheit liegt genau da: zu wollen oder nicht zu wollen. Solange der ‚Nicht-Wille‘ noch unbewusst ist, ist er gewissermaßen unschuldig – und noch unfrei. Auch das unbewusste ‚durchaus Wollen‘ ist noch unfrei, es ist noch ein Getriebensein, das nicht verstanden wird. Das Wollen muss zu einem ‚Ja, ich will – und ich *weiß*, was ich will!‘ werden, wie bei einer Hochzeit. Das Gelöbnis wird gegeben, und man gelobt zugleich, ihm treu zu bleiben, in guten und in schlechten Zeiten.

Wir müssen also von einer *passiven*, träumenden Seele zu einer bewussten, *aktiven* Seele werden wollen.

> ‚Gerettet ist das edle Glied
> Der Geisterwelt vom Bösen.
> Wer immer strebend sich bemüht,

15

Den können wir erlösen;
Und hat an ihm die Liebe gar
Von oben teilgenommen,
Begegnet ihm die selige Schar
Mit herzlichem Willkommen.'[1]

Meditation ist am Anfang eine Angelegenheit des Willens. Um etwas zu wollen und sich in Freiheit, bewusst, dazu zu entschließen, ist es nötig, dass man Einsicht darüber gewinnt, was man unternimmt und zu was allem es führen kann. Um frei *wollen* zu können, muss man doch zuerst etwas *wissen*.

Darum werde ich hier die Ergebnisse einer allgemein menschlichen Selbsterkenntnis beschreiben (d.h. einer Erkenntnis, die auf der Untersuchung des Selbst beruht, wobei die Untersuchung aber nur allgemein menschliche Merkmale und Eigenschaften betrifft. Ich berichte hier also nicht von Merkmalen meiner eigenen Persönlichkeit.

Ich gebe zunächst eine Reihe von Ergebnissen der Meditation wieder, bevor ich das Meditieren selbst beschreibe. Wenn man mit Meditation beginnt, ist es nötig, über diese Kenntnis zu verfügen, obwohl sie dann noch abstrakt ist. Wenn man meditiert, wird das Wissen Schritt für Schritt zu einer Wirklichkeit.

Wissenschaft richtet sich auf objektive Fakten und deren Verständnis. Darum wird Selbsterkenntnis nicht zum Gebiet der Wissenschaft gerechnet, weil sie natürlich subjektiv zu sein scheint. Vom gewöhnlichen Bewusstsein aus ist das auch richtig. Psychologie ist eine Wissenschaft, die sich mit der Psyche beschäftigt, aber sie basiert auf Fakten einer mehr oder weniger objektiven Untersuchung

---

1 J.W. von Goethe, Faust II r. 11934 e.v.

(z.B. dem Zusammentragen von Daten in Bezug auf den Einfluss eines alkoholabhängigen Elternteils auf die Entwicklung eines Kindes im Allgemeinen).

Dennoch kann Selbsterkenntnis auch objektive Fakten liefern und so zu echter Wissenschaft werden. Nur erwirbt man diese nicht ohne weiteres, nicht vom gewohnten Alltagsbewusstsein aus. Der Inhalt, die Beschaffenheit, die Stimmung dieses *Bewusstseins* ist nämlich das *Undurchsichtigste* von allem, was das Leben zu bieten hat. Man hat keine Einsicht in die Herkunft der eigenen Gedanken, Stimmungen. Man weiß nicht, ob es eine Absonderung der eigenen Leber oder des Gehirns ist – oder aber ein übersinnlicher Prozess. Das Bewusstsein ist ein *Gegebenes*, eingebettet in die eigenen Leibesfunktionen, Erbanlagen, Lebensumstände, die intellektuelle Entwicklung, die eigenen Ideale.

Man kann etwas erst untersuchen, wenn man sich in einigem Abstand davon befindet. Im Bewusstsein jedoch ist man ‚mittendrin', darum ist objektive Selbsterkenntnis zunächst unmöglich, *wirklich* unmöglich.

Man erwacht morgens aus einem traumdurchzogenen oder traumlosen Schlaf. Angenommen, man würde spontan wach, also nicht durch das Licht, den Wecker oder ein anderes Geräusch. Was lässt einen erwachen? Man kann antworten: die veränderte Funktion meines Gehirns – aber das ist natürlich keine Antwort, denn diese ruft die Frage hervor: Was bringt meine Gehirnfunktion dazu, sich zu verändern? Man kommt zum Tagesbewusstsein, und der Prozess, der dazu führt, verläuft wie auch immer *unbewusst*. Das eigene Bewusstsein taucht auf aus einem unbewussten oder halbbewussten (träumenden) Zustand. Man ist wach.

Dennoch hat es große Persönlichkeiten gegeben, die am

Ende ihres Lebens den Seufzer taten: Das Leben ist ein Traum...! Man ist wach und doch nicht gänzlich *wach*. Der wesentliche Teil der eigenen Tätigkeit liegt in einem unbewussten Gebiet, das vollkommen verschlafen wird. Aus diesem wachen Traum des Lebens kann man erwachen. Man kann auch sagen: Die träumende *subjektive* Selbsterkenntnis kann zur wachen *objektiven* Selbsterkenntnis werden. Man erwacht aus der Dumpfheit seines ‚wachen' Tagesbewusstseins in eine Klarheit, die jene des klaren intellektuellen Bewusstseins weit übersteigt.

Der Meister des Abendlandes[I] hat einmal ausgesprochen: ‚*Man sucht nicht Gedanken in ihrer Totheit dem Welträtsel entgegenzustellen; man stellt dem ganzen Menschen entgegen das, was aus dem ganzen Menschen heraus erlebt werden kann.*'[II]

Wenn ein talentiertes Kind Musikstunden erhält, kann der Moment kommen, wo der Lehrer sagt: Du musst nun einen anderen Lehrer suchen, von mir kannst du nichts mehr lernen. In dieser Situation befindet sich der Mensch, der auf die Grenzen des Alltags-Wachbewusstseins stößt. Bis zu diesem Punkt ist er durch einen unsichtbaren Lehrer geführt worden. Man nenne diesen Lehrer vorläufig ‚die Natur'... Er oder sie hat einen bis zu dem Moment der Unzufriedenheit mit sich selbst und den eigenen Möglichkeiten geführt. Dann sagt der Lehrer: Du musst nun einen anderen Lehrer suchen, ich kann dich nichts mehr lehren. Die natürliche Evolution ist an eine Grenze gekommen. Man ist unzufrieden, man will weiter. Man braucht einen neuen Lehrer. Genau wie der Lehrer ‚Natur' lebt er in einem, um einen herum. Nur will er einen nicht vom Unbewussten aus führen, er will einen gerade zu einem höheren Bewusstsein bringen. Suche zuerst das klarste, einsichtigste Gebiet im gewöhnlichen Bewusstsein und suche dort den festen Grund unter den eigenen Bewusstseins-Füßen. Das Suchen ist die eigene freie Tat, dafür braucht man keinen Lehrer, man ist vollkommen gerüstet, um diesen Schritt zu tun. Hat man diesen Schritt einmal getan, steht dort der neue Lehrer, um einen weiter zu führen, wobei man nichts mehr unverstanden, ungewollt oder nur vage durchschaut zu tun braucht.

In ‚Suche das Licht...‘ habe ich *bewiesen*, dass es einen Punkt im Bewusstsein gibt, wo man fest stehen kann und wo man außerdem absolute Ein- und Übersicht hat. Dieser Punkt ist das Wahrnehmen des Denkens, das Denken des Denkens, das Denken über das Denken (alle drei fallen in *eine* Aktivität zusammen).

Der Leser, der einen Beweis verlangt, wird ‚*Suche das Licht...*‘ zur Hand nehmen müssen. Man kann auch *vorläufig* annehmen, dass es einen solchen Punkt gibt, und einfach beginnen. Allmählich wird der Beweis durch die Tatsachen, die man erfährt, erbracht werden.

Nun ist das Finden dieses Punktes zwar einerseits das einfachste, was das Leben zu bieten hat, aber das Merkmal von Einfachheit ist nun einmal, dass diese am Ende eines außerordentlich komplizierten Prozesses liegt. Einfachheit ist kein Anfangspunkt, sondern gewissermaßen immer Endpunkt. Der einfache Endpunkt ist in diesem Fall das Gebiet des ‚*reinen Denkens*‘. ‚Rein denken‘ wäre vielleicht besser als ‚reines Denken‘, weil es eine mehr geistig-moralische Bedeutung hat. ‚Rein denken‘ ist nicht nur eine Form von Denken, die zum übrigen Gedankenleben gehört und da einen speziellen Platz einnimmt. *Es ist das Betreten eines außergewöhnlichen Gebietes.* Dieses Gebiet liegt ‚oberhalb‘ des Verstandes. Der Verstand denkt über allerlei Dinge nach: wissenschaftliche, psychische, soziale, leibliche, ökonomische Dinge. Teilweise denkt der Verstand in objektiven, teilweise auch in subjektiven Gedanken. Die persönliche Meinung, die Sympathie und die Antipathie sprechen unbemerkt immer mit. Wenn man sagt: ‚Mein Verstand sagt dies, aber mein Gefühl etwas ganz anderes...‘, braucht das nicht zu bedeuten, dass die verstandesmäßige Seite die Objektivität besitzt. In verstandesmäßigen Überlegungen leben *auch* Ansichten, Regeln, Normen. Das reine Denken spielt ebenso unbemerkt durch den Verstand hindurch, befruchtet ihn, hat jedoch seinen Ursprung in einem höheren Gebiet. Aufwachen zum reinen Denken bedeutet, sich zu diesem höheren Gebiet zu erheben. Dieses höhere Gebiet ist es, von dem aus Meditation erst anfangen darf.

Die Aktivität des Sich-Befreiens aus dem Verstand *in* das reine Denken ist noch keine Meditation. Wenn man ein Wort für *diese* Aktivität haben wollte, könnte man ‚Studium‘ wählen, wie auch in der Rosenkreuzer-Einweihung (nach dem Meister des Abendlandes) der erste Schritt ‚Studium‘ genannt wird. Nur muss das Wort eine innerliche Bedeutung bekommen. Es betrifft das Studieren der Denkprozesse, indem man sie anschaut und zwischen Verstand und reinem Denken zu unterscheiden lernt. So ist ‚*Suche das Licht...*‘ eine Anleitung für diese Phase, *das Studium*.

Die Beschreibung der praktischen Übung folgt später, hier schildere ich nur den Weg, wie er sich darstellt, wenn er mit Ausdauer gegangen wird.

Durch ‚Studium‘ betritt man wirklich ein anderes Gebiet im innerlichen Leben, ein freies Gebiet, eine Befreiung. Die Sorgen des Alltags, die Meinungen, Urteile, Gefühle,

Wünsche ruhen dort unten im Körper, sie schweigen. Der eigentliche Mensch, derjenige, der man wirklich in Reinheit *ist*, lebt bewusst und aktiv im Gebiet des reinen Denkens. Dort herrscht Ordnung, dort ist Licht, sowohl Licht im Gegensatz zu Finsternis, als auch Licht im Gegensatz zu Schwere[2]. Es ist das Gebiet der reinen Intelligenz, wo nichts von eigenem Interesse, eigener Sympathie oder Antipathie eine Rolle spielt und wo man doch mehr man selbst ist als irgendwo sonst.

Es ist dies aber nicht das ,Selbst', in das jeder Mensch in gewissem Sinne verliebt ist (auch Menschen, die meinen, keine Selbstachtung zu haben, ,leiden' an dieser Verliebtheit; sie zeigt sich dann verstärkt in der Form, dass man einige Unvollkommenheiten des ,Selbst' nicht ertragen kann), sondern es ist ein erstes Aufglänzen eines höheren Selbst.

So nimmt das *Wollen* auch eine neue Form an. Wenn man anfängt, eine Entwicklung zu wollen, ist dieser Wille noch vage und nicht wahrnehmbar. Aber jede Entfaltung innerer Aktivität ist zugleich Entfaltung dieses Willens. Je stärker die Willenskraft, desto größer die Entfaltung. Die Willenskraft staut auf, führt einen vom Verstande in die Richtung des reinen Denkens. Manchmal erfährt man kurz das Lichte des reinen Denkens, dann sinkt man wieder zurück in den Verstand und das Gefühl. Aber die Willenskraft wächst, und es kommt einmal ein Moment, wo man längere Zeit im Gebiet des reinen Denkens verweilen kann. Verstand und Gefühl, auch der Körper, ziehen ständig nach unten, aber der Wille überwindet dies allmählich. Die reine Intelligenz wird eine Willenskraft, die Willenskraft wird intelligent. Die Welt der Elemente,

---

2 Im Niederländischen bezeichnet ,licht' zugleich ,Licht' und ,Leichte'.

der Planeten, ja sogar der Fixsterne, wird überstiegen. Man befindet sich am Rande des Tierkreises, außerhalb, dort, wo das wahre Mensch-Sein anfängt.

‚Sterne sprachen einst zu Menschen,
Ihr Verstummen ist Weltenschicksal;
Des Verstummens Wahrnehmung
Kann Leid sein des Erdenmenschen;
In der stummen Stille aber reift,
Was Menschen sprechen zu Sternen;
Ihres Sprechens Wahrnehmung
Kann Kraft werden des Geistesmenschen.'

Der Meister des Abendlandes.[III]

Das Denken

Gedanken sind die größten Gegner des Denkens. Alles, was der Mensch denkt, meint, bewusst oder unbewusst als Wahrheit angenommen hat, ist ein Hindernis für das reine Denken. Es sind unendlich viele Gegenargumente z.B. gegen die *Möglichkeit* des reinen Denkens oder die reale Bedeutung für das innerliche Leben oder dessen spirituelle Grundlage angeführt worden (und immer weitere können angeführt werden). Diskussion auf diesem Gebiet hat keinen Sinn. Wer nicht mitdenken will, braucht dies durchaus nicht zu tun. Wer es aber will, sollte am besten zuerst einmal ruhig und ausführlich innerlich um sich herum schauen. Man lerne zu erleben, wie das Verstandesdenken sich ‚im' Körper abspielt und wie das reine Denken sich außerhalb bewegt. Es gibt zwei Wege, um dieses reine, freie, lichte Denken zu erreichen.

1. Das Üben des reinen Denkens in einem sinnlichkeitsfreien Element. Man beschäftigt sich, mit geschlossenen Augen, mit einem *Denkinhalt*, der keinen einzigen Einfluss der Sinne mehr an sich hat. Das kann ein sinnlichkeitsfreier philosophischer Inhalt sein – zum Beispiel ein Gedanke über das Denken selbst –, aber auch ein Sinnbild, ein religiöser Inhalt, oder ein geisteswissenschaftlicher Inhalt.

2. Das Üben des reinen Denkens *in* der sinnlichen *Wahrnehmung*. Man versucht, während des Denkens denkend in dem zu leben, was *in* der Wahrnehmung gedacht wird, noch bevor das Urteil geformt wird. Es ist ein denkendes Feststellen, kein Schlussfolgern. Man

sieht die Farbe Weiß, man konstatiert, dass es Weiß ist, und hält dabei alles Denken auf diese Feststellung konzentriert, ohne es weiterrollen zu lassen zu Gedanken wie: wie hässlich, wie schön, usw.

Die innerliche Disziplin, die man für den zweiten Weg braucht, wird mittels des ersten erworben. Theoretisch kann auch mit dem zweiten Weg angefangen werden, doch in der Praxis erweist sich die *Denkkraft*, die Denkdisziplin, dafür als zu gering.

Dennoch kann die Notwendigkeit, den ersten Weg zu gehen, Menschen sehr abschrecken. Obwohl es durchaus der beste, der sicherste und gefühlvollste Weg ist, kann man das Element des reinen Denkens auch erreichen, indem man direkt, ohne ‚Studium', mit der Meditation anfängt.

Man ist ein beginnender Schüler, und man hat noch wenig Wissen von den eigenen innerlichen Prozessen. Der reinste Weg ist, zuerst diese innerlichen Prozesse gründlich kennen zu lernen und sich so zum Element des reinen Denkens zu erheben. Aber man *kann* auch sofort mit dem Meditieren beginnen. Durch Konzentration im Denken sondert man sich vom alltäglichen Denken in ein reines Denkgebiet ab, ohne dabei das eine oder andere deutlich zu unterscheiden. Um dann trotzdem zu jener notwendigen Selbsterkenntnis, zur Möglichkeit des bewussten Unterscheidens zu kommen, ist daneben eine Reihe von Übungen notwendig, die die Seele aus ihrem Egoismus und ihrer Triebhaftigkeit befreien. Dieser ganze Prozess kommt im Abschnitt über Meditation im engeren Sinne ausführlich zur Sprache. Hier beschreibe ich den schwierigsten, aber sichersten Weg der bewussten

Entwicklung des reinen Denkens.

Studium fordert immer eine Form von Selbstüberwindung, das ist hier nicht weniger der Fall. Aber die Zunahme an reiner innerlicher Kraft ist das Geschenk, das ‚Diplom'. Die erlangte innerliche Sicherheit ist nicht nur während des eigentlichen Studierens da, sondern auch darüber hinaus, in der Lebenspraxis.

Reines Denken finden wir überall, wo in allgemeinen Prinzipien und Begriffen gedacht wird, ohne diese auf die Natur, das Leben, die Welt oder sich selbst zu beziehen. Darum erklang seit dem klassischen Altertum stets die Mahnung, zuerst die Mathematik zu studieren, wenn man nach einer philosophischen oder geistigen Entwicklung strebt. In den Axiomen und Beweisen der (einfachen) Mathematik haben wir direkten Zugang zum Denken in reinen Begriffen. Ein Kreis ist der geometrische Ort von Punkten in der Ebene, die in gleichem Abstand – dem Radius – von einem Punkt liegen.

Jeder erkennt einen Kreis, auch wenn man seine begriffliche Bestimmung nicht kennt. Jeder wird in der Begriffsbestimmung das Wesen des Kreises erkennen. Alle Kreise entsprechen dieser, ohne jede Ausnahme. Weicht ein Punkt von der Bestimmung ab, ist es kein Kreis mehr. In einem solchen Gedanken herrscht Licht, Ordnung und Übereinstimmung. Kein Mensch wird sich dem widersetzen – außer vielleicht ein Mensch, der den Widerstand zu seinem Lebensziel gemacht hat, aber ein solcher Mensch hat ja keine Veranlagung zum reinen Denken.

So kann man ein reines Denken auch in den allgemeinen Gesetzen zum Beispiel der Physik oder der Chemie finden. Sobald sie auf eine bestimmte, spezifische Situation angewendet werden, verlassen wir das reine

Denken. Aber ‚oberhalb' dieser Anwendungen leben die allgemeinen Gesetze, die zwar der spezifischen Situation entnommen sind, die aber *allgemein* gültig sind.

In der Philosophie ist ebenfalls ein reines Denken zu finden. Wir haben es da jedoch schnell viel schwerer, weil – allemal in der heutigen Philosophie – die persönliche Meinung bestimmend sein kann, wodurch das Denken ‚aus dem reinen Denken in das gewöhnliche Denken hinunterfällt'. Der Philosophie ist nicht so durch und durch zu vertrauen wie der Mathematik und der Physik. Auf diesem Feld können wir uns nach dem Urteil von Menschen richten, die das reine Denken entwickelt haben und die uns raten können, welche Philosophie geeignet ist, um sie für das Studium zu nehmen.

Der Meister des Abendlandes ist darin für uns das große Vorbild. Er entwickelte nicht nur ein reines Denken, sondern hat uns auch gezeigt, wie das reine Denken weiterentwickelt werden kann. Er lebte und wirkte jedoch vor rund einhundert Jahren, und die Zeiten haben sich seitdem sehr geändert. Das Denken ist viel trüber und selbstsüchtiger geworden. Der Einsatz, der geleistet werden muss, um es zu reinigen, ist sehr groß. Die Autorin dieses Buches würde dies alles natürlich nicht zu schreiben wagen, wenn sie den Weg zum reinen Denken und darüber hinaus nicht kennen würde und zurückgelegt hätte. Was Sie hier lesen, beruht vollkommen auf eigener Erfahrung. Den ersten Niederschlag dieser Erfahrung finden Sie in ‚*Suche das Licht...*'. Was Sie lesen, ist aus einem reinen Denken hierin am Ende des zwanzigsten Jahrhunderts auskristallisiert, entwickelt in den Turbulenzen des Berufs- und Familienlebens, inmitten von Fernsehen und Computer, Telefon und Fax.

In der Zeit zurückgehend können Sie sich für das

reine Denken zum Beispiel folgenden Werken zuwenden: *'Ethischer Individualismus versus kommunikatives Handeln'*[3] und *'Suche das Licht, das im Abendlande aufgeht'* von der Autorin des vorliegenden Buches; *'Philosophie der Freiheit'* oder *'Wahrheit und Wissenschaft'* von dem großen Meister der modernen Spiritualität; philosophische Werke von *Schiller, Fichte, Hegel*; die *'Ethik'* von *Spinoza*; die großen Werke der Scholastik, namentlich jene von *Thomas von Aquin*; die Kategorienlehre von *Aristoteles* (reines Denken über das Denken) und die übrige aristotelische Philosophie.

Bei Aristoteles liegt die Grenze. Gehen wir weiter zurück, zu *Plato,* dann finden wir zwar auch ein reines Denken, aber noch erfüllt von jener 'Sternensprache', die inzwischen vollkommen verstummt ist. Aristoteles ist der erste, der selbst, als 'Mensch in der Einsamkeit', zu sprechen beginnt, obwohl die 'Sternensprache' damals noch erklang.

Wenn wir mit dem reinen Denken diese Reise zurück in der Zeit machen, üben wir Selbsterkenntnis. Wir lernen unsere eigene Geschichte als Denker kennen: Wie das Denken bei Aristoteles sich vorsichtig auf sich selbst zu stellen beginnt und immer mehr menschlich – selbstständig – und einsam wird, bis wir es in der reinsten Form beim Meister des Abendlandes wiederfinden, wo es zu einem 'Sprechen zu Sternen' wird.

Man wende sich dem reinen Denken in diesen Büchern zu und versuche, selbst zu schweigen. Man gebe sich den Gedanken hin, wie sie da stehen, die Wahrheit hat genügend Kraft, sich als Wahrheit zu offenbaren, wenn man sie einfach mitdenkt. Das Mitdenken ist etwas anderes, als etwas einfach so anzunehmen. Mitdenken

---

3 bisher nur in niederländischer Sprache.

bedeutet: sich anstrengen, zu verstehen, was da steht. Das Prüfen der Wahrheit geschieht nicht, indem man es mit bereits bestehenden Meinungen vergleicht, sondern indem man das Ganze sprechen lässt. Wenn ein Begriffszusammenhang Wahrheit enthält, beweist sich die Wahrheit, indem der Zusammenhang ein lebendiges, ein organisches, ein stimmiges Ganzes bildet. Dafür muss man zuerst das Ganze offen hinnehmen. Man lasse die Teile, während man sie begreift, mit geschlossenen Augen, noch einmal vor dem Geistesblick erscheinen, lasse sie in sich ruhen, in sich arbeiten. So kommt in dem gewohnten Denken allmählich das reine Denken zur Erscheinung; selbst erweckt, aber anhand großer Vorgänger.

Reines Denken finden wir auch in der sinnlichen Wahrnehmung. Will man sich hierin vertiefen, dann sind zwei Bücher anzuraten. Vom Meister des Abendlandes: *Philosophie und Anthroposophie*[IV]; und von Massimo Scaligero: *Traktat über das lebende Denken*[4].
Gehen wir einmal davon aus, dass genügend innerliches Unterscheidungsvermögen und Disziplin entwickelt worden sind, um das Denken in der Wahrnehmung gewahr werden zu können. Was haben wir dann genau getan?
Wenn man in den Garten oder in den Stadtpark geht, oder – wenn man das Glück hat – in die Hügel oder die Berge, dann ist es vor allem das assoziative Gedankenleben, das einen von der Natur getrennt hält. Man schaut wohl, aber man *sieht* nicht; man hört wohl, aber man *lauscht* nicht; die Aufmerksamkeit geht auf im eigenen Gedankenleben. Man denkt über das eigene Leben nach, man hat Erinnerungen, Sorgen. Dann

---

4 Urachhaus, Stuttgart, 1993.

erwacht man, und man sagt zu sich selbst: ich bin hierhin gegangen, um etwas von der Natur zu sehen! Und man richtet seine Wahrnehmung nach außen. Dort ist die Natur, hier ist man selbst. Noch immer ist man von der Natur getrennt. Man denkt vielleicht: so ein Rosenstrauch wäre schön im Vorgarten. Man bezieht die Natur auf das eigene (praktische) Leben. Auch daraus reißt man sich los, und man versucht, wirklich *voll* wahrzunehmen und zu erleben. Da draußen, hoch über einem ist der blaue Himmel, der Wind bläst sanft und trägt Frühlingsdüfte mit sich. Der Weißdorn wächst entlang des Weges. Noch immer ist man nicht eins mit der Natur, obwohl sie einen nun mit ihren Gaben zu umhüllen scheint. Kurz fühlt man sich aufgenommen, aber es ist dennoch sie, die Natur, die einen umhüllt. Man ist nicht eins, sondern zwei, und sei es dicht, sehr dicht beieinander. Erneut reißt man sich los aus seiner Eigenheit, und man verschärft die eigene Wahrnehmung. Man sieht das zarte Weiß der Blumen und man verweilt darin. Zuerst denkt man noch: dies ist Weiß, so *zart*, so ätherisch! Dann öffnet man all seine Sinne, und man wird das Weiß nochmals gewahr, nun ohne einen einzigen Gedanken, und doch denkend. Ohne Denken würde man das Weiß nur anstarren, man würde es mit seinem Anstarren von sich stoßen. Gerade das *Begreifen* dessen, was man wahrnimmt – auch wenn man keinen Gedanken formt – *ist das Denken in der Wahrnehmung*. Man erlebt, wie man nun den feinsten Begriff denkt, der nur möglich ist. Es ist eigentlich gar kein Begriff mehr, es ist auch überhaupt keine sinnliche Wahrnehmung mehr. Oder es ist gerade doch beides. Man balanciert zwischen Sinneswahrnehmung und groben Gedankenformen, man hat den feinsten Extrakt des Wahrnehmens und Denkens zugleich. Wahrnehmen und

Denken sind hier eins, Natur und ‚ich' sind hier eins. Man webt mit dem reinsten Denken als Wahrnehmung, die reinste Wahrnehmung ist hier *Denken*. Das Selbst ist gereinigt zu einem feinsinnigen, ätherischen Leben, die Wahrnehmung ist gereinigt zu einem begierdefreien Kleid.

Das gewohnte, sich zwischen Sympathie und Antipathie bewegende Urteil ist gewichen, sogar ein schwerer Regenfall ist von höchster Schönheit durchdrungen. Man rührt an das Wesen der Dinge. Das Wesen lässt seine Bedeutung in einen hineinträufeln, und die eigene Antwort ist eine zarte, denkend-wahrnehmende Aktivität.

‚Das Gewahrwerden der Idee in der Wirklichkeit ist die wahre Kommunion des Menschen.'[V]

Das Fühlen

Im Fühlen lebt der große Zwiespalt: Egoismus oder Selbstüberwindung. Das Fühlen ist uns so teuer wie unsere eigene Persönlichkeit, aber es ist gleichzeitig auch Quelle von Uneinigkeit und Leid. Das Fühlen enthält ein Ur-Missverständnis: dass Liebe Glückseligkeit bedeutet; das Liebe eine kräftige Selbstentfaltung ist. Man ist stolz, weil man ein Herzensmensch ist, was viel besser ist als so ein kühler Kopftyp. Die Welt, das Leben und der Mensch würden zu einem Schema reduziert werden, wenn das Herz nicht sprechen würde. *Verstand* tötet alles Gefühl, muss dies auch, denn er beruft sich auf Objektivität. Aber das Fühlen ist die Quelle aller Uneinigkeit. Nichts trennt Menschen *mehr* als das so durch und durch persönliche Gefühlsleben.

Gefühl ist das Subjektivste, was es gibt, aber das Unseligste, was einem Menschen geschehen kann, ist, dass er nicht mehr *fühlen* kann.

Ein Mensch, der seine Entwicklung der Natur und dem Leben überlässt, ist, was das Gefühlsleben betrifft, den Gaben ausgeliefert, die er mitbekommen hat: Seelentyp, Aufmerksamkeit, Intelligenz, Charakter, Wunschleben. Man ist, wie man ist, und man wird geformt durch das, was man erlebt. Der eine ist eine gefühlvolle Natur, der andere viel weniger. Der eine liebt Sex, der andere ekelt sich davor. Der eine fühlt fein jede Stimmung in und um sich herum, der andere lebt blind und taub daran vorbei. Nun aber hat man die Grenze natürlicher Entwicklung erreicht, und man fängt an, sich innerlich zu entfalten. Man lernt ein Spektrum von Gefühlsqualitäten kennen.

Das Gefühl wird sowohl durch unsere Innenwelt als auch durch die Außenwelt *gestimmt*. Wenn man die Bestimmung des Fühlens in einem Satz zusammenfassen wollte, könnte man sagen: Mit dem Fühlen schätzt man den Wert der innereren und äußeren Welt ein. Man ,wertet'. Wegen des *Zwiespalts* in der Seele kann dieses Werten zwei Grundlagen haben: Man kann aus sich selbst – im weitesten Sinne – seine Wertungen den Dingen hinzufügen; man kann im Gefühl aber auch gleichsam ein Ohr haben, das dem Wert der Dinge lauscht. Im ersten Fall wertet man alles nach dem eigenen Maßstab. Im zweiten Fall sprechen im Gefühl die Dinge selbst ihren Wert aus. Das ist der Zwiespalt im Fühlen: Egoismus und Liebe.

Dieser Zwiespalt kann eine höhere Form annehmen, wo er objektive Bedeutung hat: der Zwiespalt zwischen Ich und Welt. Das Fühlen kann sich nach innen und nach außen richten. Man fühlt die Welt und man fühlt sich selbst, wobei das letztere Fühlen auseinanderfällt in ein Fühlen des Leibes und ein Fühlen des mehr rein innerlichen Lebens. Jedes Mal gibt es die Möglichkeit von Selbstsucht und Selbstlosigkeit. Ein Gefühl von Trübseligkeit kann durch einen ermüdeten Körper oder ein krankes Organ verursacht werden. Es kann seinen Ursprung auch in einem Vorfall haben. Es kann aber auch eine Wahrnehmung der Stimmung eines anderen Menschen sein, ja es kann sogar das Miterleben der Witterung, der Jahreszeit oder eines Weltgeschehens sein.

Das Fühlen zerfällt letztlich in eine Dreiheit:
Das Fühlen stimmt das Denken, das Denken stimmt das Gefühl; Das Fühlen stimmt das Handeln, das Handeln stimmt das Gefühl. Das Gefühl kann in solcher Weise

entwickelt werden, dass es sich selbst nach zwei Seiten fühlt. So finden wir das Gefühl als Mittelpunkt in zwölf Richtungen: zwei mal zwei mal drei. Jedes Mal gibt es die Möglichkeit der Wertung aus sich selbst heraus oder vom Wesen der Dinge aus, und die Möglichkeit, nach innen oder nach außen gerichtet zu sein. Darüber hinaus richtet sich das Fühlen nach dem Wollen, dem Denken oder nach sich selbst.

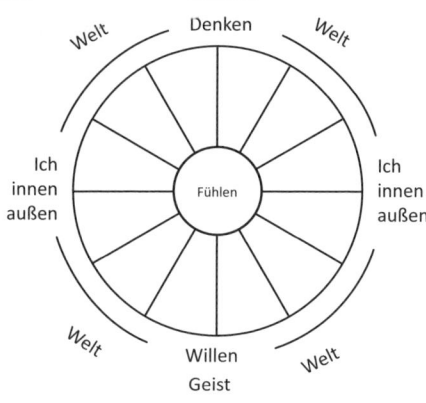

Eine Sache ruft in mir eine Vorstellung hervor: Ich bilde sie streng nach ihrem Wesen, oder ich forme sie aus eigener Erfahrung, Meinung, eigenem Bedürfnis heraus. Die Vorstellung tritt entweder rein als gefühlvoller Gedanke oder als Gemisch von Gedanken und eigenen Gefühlen in mein Fühlen. So stimme ich mich selbst oder lasse mich stimmen: die Stimmung formt die Bewertung.

Zwei Möglichkeiten gibt es also, um das Fühlen als Sonne inmitten von zwölf Aspekten zu betrachten. Das Fühlen ist das Herz des Daseins, und es führt zu Glückseligkeit in Liebe und Leid, wenn es imstande ist, das *Andere* zu empfangen.

Meditation

ohne vorangehende Übung des reinen Denkens

Imagination

Die hier beschriebene Meditation erweitert das Erkenntnisvermögen. Man kann diese Erweiterung nicht als eine Zunahme von Wissen betrachten, auch nicht als ein Erweiterung des Gesichtskreises. Das Erkenntnisvermögen erlebt durch diese Meditation eine *völlige Metamorphose*. Das Alltagsbewusstsein bleibt außerhalb der Momente der Meditation erhalten. Um im Wahrnehmen und Denken weiter gehen zu können, als dieses Alltägliche es uns bietet (auch die spezialisierteste Wissenschaft und den feinsinnigsten künstlerischen Ausdruck rechne ich noch zum Gebiet des Alltäglichen), müssen wir an unserem Erkenntnisvermögen arbeiten, es muss geknetet werden, plastisch werden, aber auch einen gänzlich anderen Standpunkt einnehmen lernen. Um dies zu bewirken, meditiert man, und wir nehmen unseren Ausgangspunkt im Denken, im Vorstellen.

Denkende Meditation ist das, was wir beabsichtigen. Der physische Leib ist in erster Linie völlig ohne Bedeutung, damit ist auch seine Haltung belanglos. Allerdings schwächt ein allzu sehr entspannter physischer Leib die Andacht. Darum hat es Vorzüge, sitzend zu meditieren. Von Goethe ist bekannt, dass er beim Nachsinnen nicht auf einem gemütlichen Stuhl sitzen wollte, er wählte einen harten Stuhl mit gerader Lehne. Ein ermüdeter Körper wird sich dann jedoch zu sehr geltend machen. Kurzum: man muss selbst probieren, was am besten passt. Es geht darum, den physischen Leib gleichsam zu *vergessen*. Darum verstärken wir die Andacht dort, wo dieses Vergessen möglich ist: im Denken. Der Wille ist zunächst viel zu stark mit dem Leibesleben verbunden, auch das

Fühlen ist nicht so einfach daraus loszulösen. Das Denken ist von Natur aus das am meisten leibfreie Element. Wenn man dann auch noch einen Denkinhalt wählt, der nicht an das Leben im Körper erinnert, gewöhnt man sich an ein Leben außerhalb des Körpers. Man muss nicht nur das *Leibesgefühl* vergessen lernen, auch das Gedankenleben und das gewöhnliche Verstehen erinnern an den Körper.

Als Beispiel für eine solche Meditation wähle ich zwei Inhalte: der erste ist ein *Satz*, in dem etwas zum Ausdruck kommt, was nicht mit dem gewohnten Verstehen beurteilt wird; das zweite ist ein Bild, dessen Bedeutung nicht übereinstimmt mit dem verstandesmäßigen Begriff, der zu diesem *Bild* gehören kann.

Die erste Möglichkeit ist zum Beispiel der folgende Satz:

Die Weisheit lebt im Licht.

Wir diskutieren nicht, ob dies *wahr* ist oder nicht. Wir beginnen mit einem denkenden Anschauen. Man kann denkend gleichsam um einen solchen Satz herumgehen, ihn untersuchen. Man kann sich das Licht draußen als erfüllt von Weisheit vorstellen, man kann sich auch die eigenen Gedanken als in Licht lebend vorstellen. Man kann sich fragen: Was ist denn Weisheit? Was ist Licht? *Lebt* Weisheit? Dies ist eine beginnende Meditation, wobei man dem Denken nicht mehr erlaubt, anzunehmen oder abzuweisen. Es ist nur noch im Betrachten, im Untersuchen aktiv, ohne ‚ja‘ oder ‚nein‘. Wohl erlaubt man dem Denken noch zu ‚wandern‘. Man bewegt das Denken in verschiedenen Gedanken, Vorstellungen rund um den gewählten *Satz*. Es ist einfacher, andächtig zu bleiben, wenn man in Bewegung ist. Mit Hilfe der Bewegung vertreibt man allerlei Gedanken, die nichts mit dem Satz zu tun haben. *Darum* geht es: um das Entfalten einer vollkommen anwesenden Andacht in und um diesen Satz. Das ganze *Sein* ist dieser Satz, es gibt nichts anderes mehr, die ganze Welt ist dieser Satz. Alles ist vergessen, man hat sich selbst und die Welt um einen herum vergessen, seinen Körper, sein Leben, seine Erinnerungen. Nichts ist mehr von Belang, als nur dieser eine Denkinhalt, der einen aus seinem Körper hinausträgt.

Aber das ‚Wandern' im Denken hat noch nicht genug Kraft. Vielleicht muss man jahrelang (!) üben, um ohne Abschweifen im Denken *gehen* zu können, vielleicht kann man es auf Anhieb.

Dann kommt es darauf an, auch *stillstehen* zu können. Kein eigener Gedanke mehr, nicht einmal an den gewählten Satz, nur noch denkende stille Andacht für den Satz. Übrig bleibt nur waches, andächtiges Anschauen. Bewegungslos ‚steht' man da, in voller Verwunderung für diesen vertrauten Satz, mit dem man eins geworden ist, mit dem man sich völlig identifiziert hat und dem man doch auch objektiv gegenübersteht. Man steht einer selbst geschaffenen Aktivität gegenüber, man ist diese und man schaut sie zugleich an. Einst begann man seine Meditation noch ohne die Fertigkeit eines reinen Denkens. Nun lebt man im reinen Denken, ‚über' dem Sinnlichen, im Übersinnlichen.

Man ist regungslos, aber man wird bewegt.

Wir kämpfen einen grandiosen Kampf mit *allen* Eindrücken, die aus der physisch-sinnlichen Welt auf uns zukommen. Wir werden durch sie bestürmt, wir bestürmen uns selbst. Man muss wirklich danach trachten, in eine andere ‚Lage' zu kommen, man muss sich dahin emporarbeiten, sich dem Alltagsleben mit seinem alltäglichen Bewusstseinszustand zu entringen. Allmählich wird einem deutlich, dass der Weg noch viel länger ist, als man gedacht hat. Die mühseligste Sicht darauf ist noch zu optimistisch – und doch ist Meditation *so* einfach und leicht. Immer wieder muss man die Balance zwischen Mutlosigkeit (‚das kann ich nicht, es hat keinen Sinn’) und Leichtherzigkeit (‚Meditieren ist so einfach, ich bin zufrieden’) zu finden suchen. Sogar wenn man in jene andere Lage gekommen ist (man denke nicht zu schnell, dass man da wäre!), kommen weiterhin Pfeile des Alltags auf einen zu. Nur die Aktivität wehrt sie ab, der Panzer besteht aus nie nachlassender innerlicher Aktivität: der konzentrierten Andacht, der Identifikation mit dem gewählten Gedanken.

Die zweite Möglichkeit ist die Meditation eines Sinnbildes. Man kann für eine Meditation kein Bild aus dieser sinnlichen Welt wählen. Eine Meditation, die als Bild zum Beispiel die Rose *als Rose* nähme, ließe die Seele mehr mit dem Körper verschmelzen, als es für beide gut ist. Man kann durchaus Wahrnehmungsübungen machen und dabei die Rose in der Vase oder im Park anschauen und sich zum Beispiel fragen: wodurch *weiß* ich, dass dies eine Rose ist? Das ist eine Übung, um im Wahrnehmen das Denken bewusst zu werden. Es ist keine Meditation, darf dies auch nicht sein. Meditation muss uns *aus dem Physischen*, aus dem Sinnlichen *befreien*. Das ist nur möglich, wenn das gewählte Bild *nicht* bedeutet, was es in der Welt bedeutet, sondern *etwas anderes*.

Die rote Farbe der Rose lässt an das Blut denken. Aber das Blutrot der Rose ist rein, es ist begierdelos; das Rot des Blutes ist trübe, begierdevoll. So könnte man die blutrote Rose als Sinnbild für Reinheit und Selbstlosigkeit nehmen. Das Bild der Rose bedeutet dann nicht sich selbst, sondern ist Bild für etwas anderes, für eine innerliche Qualität. Hier kommt es auf ein intensives formen- und farbenreiches *Vorstellen* an. Das Bild muss so intensiv vorgestellt werden, dass es allmählich ebenso stark in der Anschauung anwesend ist wie die physisch-sinnliche Realität, ja noch *stärker*.

Zwei Unterschiede zu dieser physisch-sinnlichen Realität bewirken, dass man frei von ihr wird:

Das Bild ist eine *selbstgemachte* Realität, Sie kommt durch *eigene* Anstrengung im Innern zustande. Und das Bild hat diese *übersinnliche* Bedeutung.

Dieses Sinnbild kann dann erweitert werden zu der großartigen und bewährten Meditation des Rosenkreuzes. Wenn man sich einem solchen Inhalt zuwendet, muss man sich klarmachen, dass diesem Inhalt mit Ehrfurcht gegenübergetreten werden muss. Kann man das nicht, dann ist es besser, mit anderen Sinnbildern zu beginnen. Es kommt bei diesem Bild nicht nur auf eine Anstrengung des Vorstellungslebens an, sondern zugleich darauf, sich durch das Bild im Gefühlsleben befruchten zu lassen. Das Formen des Bildes erfordert eine ausführliche, konzentrierte Meditation, die tagein, tagaus wiederholt wird. Das erste Mal wird es vielleicht noch am besten gehen, weil dann das Neue stark wirkt. Danach wird die Meditation außer dem Kämpfen gegen das anstürmende Alltags-Gedankenleben auch noch ein Kämpfen gegen die Routine.

Wir gehen wie folgt vor.

Das Bild der Rose als Bild für Reinheit wird verstärkt durch den meditativen Gedanken: Die Rose ist vollkommen ergeben in Bezug auf alles, was das Leben bringt. Sie vermag nichts aus sich selbst. Der Mensch mit seinem unreinen Blut hat dagegen einen *eigenen Willen*. Er kann sich auf etwas zu- oder von etwas wegbewegen, sich darauf richten oder davon abkehren. Diese Möglichkeit ist eine enorme Bereicherung, jedoch wurde sie bezahlt mit Leidenschaft, Begierde.

Das Streben des Menschen muss sich auf einen begierdelosen, selbstlosen Willen richten. Man kann Freude über die Begabtheit mit Willen fühlen, aber zugleich tiefe Traurigkeit über das Selbstsüchtige des Willens. Man kann voraussehen, wie schwer und mühsam es sein wird, einen begierdefreien, selbstlosen Willen zu erreichen, wie sehr man sein niederes Triebleben bis in die feinsten Verzweigungen wird kennenlernen und in reinen Willen umformen müssen. Man wird die Ohnmacht fühlen, die mit diesem hohen Streben einhergeht.

Ein dunkles, hölzernes Kreuz ist Bild für diese stets nach Reinheit strebende Seele, für das Umbilden des niederen Triebes in ‚Geistestrieb'. Aus dem toten, schwarzen Holz, aus dem Kreuzpunkt sprießt Leben, Blätter entfalten sich, es werden Knospen getrieben, und sie wachsen heran zu jener blutroten Rosen, Bild eines gereinigten Begierdelebens.

Sieben Rosen wachsen rund um die Mitte des Kreuzes.

Dann geht die Meditation über in Kontemplation, in ein stilles, von Ehrfurcht erfülltes Anschauen dieses Bildes. Man lasse es keine Zeichnung sein, sondern wirklich altes Holz und lebendige, blutrote Rosen. Man lasse das Bild daneben *Sinnbild* sein!

Das Meditieren und Kontemplieren muss eine so kräftige Aktivität werden, dass die Meditation keine Vorstellung bleibt, sondern *Geschehen, Schicksal* wird.

Es kann sein, dass diese Meditation am Anfang zu viel von einem verlangt. Man kann ohne Bedenken ein anderes Sinnbild nehmen, das keinen direkten moralisch-religiösen Wert in sich trägt. In ‚*Suche das Licht...*' wählte ich als Übung für das Denken den Begriff des Kreises. Hier wähle ich das *Bild* von Punkt und Kreis, von Zentrum und Peripherie, als Sinnbild. Hier geht es nicht um die mathematische Bedeutung des Kreises, sondern um das *Prinzip* von Mittelpunkt und Peripherie, wie es einem zum Beispiel in Ich und Welt, Erde und Kosmos, Sonne und Planeten, Herz und Organen usw. begegnet. Man stellt sich Mittelpunkt und Umkreis vor, aber man meditiert nun nicht den Begriff des Kreises, sondern den Kreis als Sinnbild im eben angedeuteten Sinne. Auch hier kommt es auf die völlige Identifikation mit dem Sinnbild an. Wir beginnen damit, unser Denken mit dem Sinnbild zu identifizieren, aber versuchen dann, unser gesamtes Gefühlsleben und unsere ganze Willensaktivität hierin zu entfalten, so dass es kein einziges Fleckchen in unserem unvollkommenen Seelenleben gibt, das sich *nicht* mit Punkt und Kreis beschäftigt. Unser ganzes Menschsein wird Punkt und Kreis, und je vollkommener wir darin aufgehen, desto stärker wirkt die Meditation. Man vergesse seine Gedanken, Gefühle, Wünsche, sein Leben und seinen

Körper. Mit allem, was man ist, *lebt* man Mittelpunkt und Umkreis, so intensiv und so lange wie möglich. Schließlich ist man *so* ganz Bild geworden, dass das Bild sich lebendig außerhalb des Rhythmus des eigenen Atems ausdehnt. Zu Beginn geht das Festhalten des Gedankens noch auf und ab mit der Aus- und Einatmung, doch langsam löst man sich vom Atemrhythmus, man lernt, außerhalb dessen zu denken, zu fühlen und zu wollen.

Dann lassen wir den Inhalt fallen und warten ab, *ob* etwas, und wenn ja, *was* dann noch übrig bleibt. Zu Beginn fällt man wieder zurück in sein Alltagsbewusstsein und muss jedes Mal aufs Neue herausklimmen. Es scheint, als ob alles ganz sinnlos sei, als ob man Wasser in löchrigen Säcken schleppen müsste, als ob man seine eigenen Bauwerke immer wieder und wieder niederreißen müsste. So wird man allmählich von allem Hang nach einem Ergebnis befreit. Es gibt kein *Ergebnis*, es gibt nur Arbeit. Und diese Arbeit lässt die eigene innerliche Kraft wachsen.

Wenn man den innerlichen Weg nicht als eine spannende Reise sehen kann, wie ein Märchen, in dem es auf Beharrlichkeit ankommt, hat es keinen Sinn, sie anzutreten. Zu Beginn kämpft man blind. Man kämpft, aber man sieht den Gegner nicht.

Um *sehend* zu werden, ist es notwendig, dass man seiner Arbeit noch ein Element hinzufügt: *Studium der Geisteswissenschaft*. Das ist eine Übung in Demut, und zugleich eine unentbehrliche Bereicherung des eigenen Seeleninhalts.

Während des Meditierens wird man gewahr, dass man am Kämpfen ist, aber man ist blind. Durch das Studieren von Literatur, aus der man lernen kann, welchen Gegnern der Geistesschüler auf dem Weg begegnet, empfängt man die Begriffe zu seiner Wahrnehmung. Natürlich würde man gerne jetzt sofort ein großer Meister sein, oder wenn das nicht geht, einen großen Eingeweihten anbeten wollen, der einen leitet. Es geht beides nicht. Die großen Eingeweihten im 21. Jahrhundert bleiben verborgen, und wenn sie hervortreten, geben sie nur Einsicht. Es gibt kein Einwirken auf Gefühl und Willen des Schülers mehr – dieser muss selbst wollen und fühlen.

Aber im *Denken* kann die Demut noch geübt werden, im wirklich unbefangenen aktiven Mitdenken von geistiger Erkenntnis. Diese Unbefangenheit bedeutet nicht, dass man sie ungeprüft als wahr annehmen muss. Sie ist auf zwei Arten zu prüfen.

- Man kann in der geisteswissenschaftlichen Literatur durchaus Zusammenhang und Logik finden. Es ist nicht ein *anderer Verstand*, der urteilt, als im Alltagsleben. Nur muss *Unbefangenheit* da sein, verbunden mit einem fortwährenden Fragen: Wie hängt das eine mit dem anderen zusammen?

- Die zweite Möglichkeit des Prüfens ist das Untersuchen der Vertrauenswürdigkeit der Forschungsmethoden, die der Geisteswissenschaftler, dessen Bücher man liest, verwendet. Wenn der *Methode* vertraut werden kann, kann den Forschungsergebnissen ebenfalls vertraut werden.

Es gibt eine Menge spiritueller Literatur zu kaufen. Eine kritische Prüfung auf beiden oben genannten Wegen ergibt, dass nahezu jede Spiritualität der heutigen Zeit die Probe der Kritik *nicht* bestehen kann. Darum spreche ich in meinen Büchern stets von *dem* Meister des Abendlandes. Vorläufig haben wir in unserer modernen Zivilisation nur *einen*, der diese beiden Proben der Kritik bestehen kann. Je tiefer man selbst in die Methode der

Umwandlung des Alltagsbewusstseins in das Vermögen der Geistesschau eindringt, je mehr Übersicht man bezüglich der geoffenbarten modernen Geisteswissenschaft erringt, desto stärker erhebt sich der Stern dieses einzigen modernen Meisters des Abendlandes, der nach wahrhaftigen Schülern ruft.

Aber ein volles Jahrhundert ist verstrichen, und ein neuer Impuls muss gegeben werden. Wir können nur *selbst* aktiv werden und dieser Impuls versuchen zu *sein*.

Was hier als meditative Übung gegeben ist, ist Übung für die *Imagination*. Wir üben uns in exakter *Phantasie*, wir formen uns schließlich selbst zum *Bild* um. Man soll natürlich nicht meinen, dass man es dann mit einer *Wirklichkeit* zu tun hat. Man hat es mit einem selbstgemachten Bild zu tun. Die einzige Realität darin ist die stets zunehmende innerliche Aktivität, *nicht* der Inhalt.

Was wir während dieser Meditation verwenden, ist das *Wesen* der Phantasie, und zwar in vollkommener Beherrschung. Wir lassen unseren Gedanken nicht freien Lauf, sondern wählen *selbst* unsere Gebundenheit (wodurch diese dennoch *frei* ist) und bündeln darin unser Denken. Dadurch staut sich Phantasiekraft, weil sie in *einem* Bild aufgehalten wird. Die gestaute Phantasiekraft ist Imagination. Zuerst beginnt sie, sich in unserem Denken zu stauen, und wird als ein Konzentrationspunkt oberhalb der Nasenwurzel fühlbar. Bei fortgesetzter Übung breitet sich die gestaute Kraft in Richtung des Kehlkopfes, des Herzens und der Arme und Hände aus. Man fühlt sich ganz und gar erfüllt von gestauter Phantasie, von Imagination. Man hat keine Visionen, keine übersinnlichen Wahrnehmungen von Gestalten oder Wesen. Man hat nur die Bündelung der eigenen Denk-Energie, in der man *nichts* gewahr wird als nur die eigene gestaute Phantasiekraft, die Imagination.

Einst wieder sich 's begab, dass, als er pflügte,
Der Ackersmann wie an ein Felsstück stieß,
Und, als sein Spaten rings die Hüll' entfügte,
Ein wundersam Gebild aus Stein sich wies.

Er ruft herbei die Nachbarn in der Runde,
Sie sehn sich 's an, – jedoch sie kennen's nicht!
Uralter, weiser Greis, du gibst wohl Kunde?
Der Greis besieht 's, – jedoch er kennt es nicht.

Ob sie 's auch kennen nicht, doch steht 's voll Segen
Aufrecht in ihrer Brust, in ew 'gem Reiz,
Es blüht sein Same rings auf allen Wegen;
Denn was sie nimmer kannten, – war ein Kreuz!

Sie sahn den Kampf nicht und sein blutig Zeichen,
Sie sehn den Sieg allein und seinen Kranz!
Sie sahn den Sturm nicht mit den Wetterstreichen,
Sie sehn nur seines Regenbogens Glanz!

Das Kreuz von Stein, sie stellen 's auf im Garten,
Ein rätselhaft, ehrwürdig Altertum,
Dran Rosen rings und Blumen aller Arten
Empor sich ranken, kletternd um und um.

So steht das Kreuz inmitten Glanz und Fülle
Auf Golgatha, glorreich, bedeutungsschwer:
Verdeckt ist 's ganz von seiner Rosen Hülle,
Längst sieht vor Rosen man das Kreuz nicht mehr.

Aus: ‚Fünf Ostern', Anastasius Grün, 1836

Inspiration

Um diesen zweiten Schritt im Meditieren machen zu können, ist eine Beharrlichkeit in der Imagination notwendig. Zu Beginn der meditativen Aktivität braucht man alle Energie im Kampf mit den Gedanken an das eigene Leben – diese Gedanken müssen lernen zu schweigen. Nur das gewählte Bild oder der Spruch darf noch ,sprechen'. Durch jenen Kampf wird die innerliche Denk-Energie zur Imagination. Man entfaltet sein ganzes innerliches *Sein* in das Bild, wenn man nur kurz seine Andacht verliert, wird man schon wieder vom Alltagsbewusstsein überwältigt. Man muss sich also zuerst an eine solche *intensive Konzentration* gewöhnen, bevor man sich gestatten kann, seine Andacht auf etwas anderes zu richten als auf den Inhalt, den man sich gewählt hat.

Der *zweite* Schritt ist nun, die bis zum äußersten geführte Konzentration anders zu lenken. Hierdurch nimmt man noch mehr Abstand von dem Wahrnehmen und Denken anhand der Sinneseindrücke. Während der Imagination hat man gelernt, anhand eines Begriffes zu denken, der nicht auf die gewohnte Art zu einem sinnlichen Bild hinzugefügt wurde. Dadurch sind Bild und Begriff getrennt. Im gewöhnlichen Leben kommt das auch vor, es ist das Wesen des *Humors.*

Nun, während der zweiten Phase im Meditieren, wendet man sich auch noch von Bild und Begriff ab. Man richtet sich *ausschließlich* auf die innerliche *Aktivität,* die man in der Imagination entfaltet hat. Das geht auf zwei Arten. Wenn man noch nicht die Stufe der Imagination erreicht hat, das heißt, innerlich nicht das Gewahrwerden gestauter Phantasiekraft hat, kann man dennoch alle Übungen für die zweite Stufe machen. Man beginnt mit dem energisch konzentrierten Formen des gewählten Bildes, dann richtet man die Andacht *nicht auf das Bild*, sondern auf dasjenige, was man innerlich während der Formung des Bildes tut. Zunächst scheint das unmöglich zu sein. Aber allmählich beginnt sich etwas aus dem Bild herauszulösen, man fängt an, gewahr zu werden, dass man innerlich beschäftigt ist, und allmählich sogar, *wie* man es macht. Wenn man eine Zeichnung anfertigt, hat man seine Aufmerksamkeit auf das gerichtet, was da unter den Händen entsteht. Man kann auch darauf achten, *wie* die eigenen Hände tätig sind. Wenn man eine Klaviersonate spielt, lauscht man auf das, was man zu Gehör bringt, aber man kann auch auf die Fertigkeit seiner Finger achten, auf die Fingersetzung, die Läufe, die Akkorde. Man achtet dann mehr auf die *Technik*. Man kann niemals Konzertpianist werden, wenn man seine Technik nicht übt. Man kann kein Geisteswissenschaftler werden, wenn man sich nicht der 'Technik' des Denkens, Fühlens und Wollens bewusst wird. Dies ist Selbsterkenntnis in reinster Form, im Lichte der Ewigkeit. Denn sein heutiges Leben, seine Persönlichkeit hat man in der Imagination vollkommen losgelassen. Hier, in der Übung zur Inspiration, findet man sich selbst in seiner Wirksamkeit.

In der Imagination fand man sich innerlich als selbst gemachtes *Bild*. Nun beginnt man, einen *Begriff* für seine innerliche Aktivität zu bekommen. Aber dieser Begriff ist ganz und gar nicht abstrakt, es ist kein Gedanke oder ein Wort, es ist ein reales Erleben: das Gewahrwerden seiner selbst als Denker, als fühlendes, als wollendes Wesen. Alles ist Aktivität, man hat ein großartiges Wesen aus innerlicher Aktivität gewoben, und man sieht sich selbst an einem Schleier weben. Wenn man aufhört zu weben, fällt man in sein Alltagsbewusstsein zurück, wenn man mit dem Weben fortfährt, verschleiert man etwas. Das einzige, was als Wirklichkeit anwesend ist, ist man selbst in seiner innerlichen Aktivität.

Die zweite Möglichkeit ist, dass man in der Imagination schon so weit fortgeschritten ist, dass die gestaute Phantasie eine *fühlbare Kraft* in einem ist. Das eigene Wesen ist ganz damit erfüllt, angestaut, so dass man ihrer gewahr wird. Was da wahrnehmbar wird, ist die innerliche Aktivität als reale Wahrnehmung. Die Andacht in der Meditation kann dann anders gelenkt werden, nämlich vom Inhalt des Bildes allmählich mehr auf die innerliche Kraft. Der Blick verschiebt sich eine Stufe weiter in die Richtung des Geistes, auch wenn es noch immer nur der eigene Geist ist, den man gewahr wird.
Anstelle des gewählten Bildes wählt man nun seine eigene Kraft als Bild für die Meditation. Man entfaltet seine ganze innere Energie in das Gewahrwerden innerlicher Aktivität. Man wird merken, dass man wieder aus der Bahn geworfen wird, dass man zurückschreckt und sich in seine gewöhnlichen Gedanken verirrt. Meditieren der innerlichen Kraft erfordert eine viel größere Andacht als das Meditieren eines Bildes.

Man verlangt nach Inhalt; *Kraft* als Inhalt befriedigt nicht. Man beginnt, es als Schmerz zu erfahren, dass man vom gewohnten Begreifen und dann auch noch von einem gewählten Denkinhalt absehen muss. Was ist an einem Gewahrwerden von *Kraft* interessant? Man sehnt sich nach dem Geruch und der Farbe des Lebens zurück, jetzt, wo man zu einem ,Schema' innerlicher Aktivität ,reduziert' ist. Man stellt nicht mehr *etwas* vor, man stellt nur noch vor, und die vorstellende Kraft lässt einen nach Inhalt verlangen und schmachten. Man *will* von sinnlichem Inhalt absehen, weil man weiß, dass man da den Geist nicht finden wird. Man sieht sich selbst webend aktiv, ohne Inhalt an einem Schleier webend, der es einem unmöglich macht, einen anderen (geistigen) Inhalt wahrzunehmen als sich selbst in innerlicher Aktivität.

Es kommt ein langsam wogender Rhythmus in die Kraft hinein, ein anderer Rhythmus als Herzschlag und Atmung, es ist ein langsames Anschwellen und Abnehmen von *Schmerz*. Hier ist alles in ruhiger, aber immer fortschreitender Bewegung, keine Bewegung in einer geraden Linie, sondern zweidimensionale Bewegung. Man ist selbst auf jedem sich bewegenden Punkt, auf allen Punkten zugleich in Bewegung, Formen und Figuren bewegend, die man nicht zeichnen könnte, weil man da immer von Punkt zu Punkt geht. Hier ist man alle Punkte gleichzeitig in einer Vielfalt sich bewegender Form. Der Körper sitzt auf dem Stuhl wie ein altes, vergessenes, hölzernes Kreuz. Aus der Mitte des Kreuzes erblüht reine Form, reine Bewegung, noch farblos, noch finster...

Intuition

Die dritte Stufe der Meditation führt zur völligen Loslösung des innerlichen Lebens aus dem physisch-sinnlichen Dasein, *unter Erhalt* des klaren Bewusstseins, das gerade auf der Grundlage dieses physisch-sinnlichen Daseins entwickelt wurde.

Die Imagination ist die Fertigkeit, das ganze innerliche Leben in ein *Bild* umzuformen, wobei die eigene Aktivität der treibende Impuls ist. Die Inspiration ist die Fertigkeit, ganz und gar in der *bildschaffenden Kraft* zu leben. Aller Inhalt im Denken, der noch an das Erdenleben erinnert, ist umgeformt in wirbelnde, sprühende Lebenskraft. Man kann sich in einem vollkommen klaren Bewusstsein, worin keine Ablenkung mehr existiert, in der eigenen innerlichen bildformenden Kraft aufrechterhalten. In den bewegenden Formen spürt man die lebendige Architektur des eigenen Leibes, auch wenn dies erst noch sehr elementar ist. Die Stille der physischen Form ist übergegangen in das Leben der Bewegung. Dennoch weiß man: Alles, was ich erlebe, bin ich noch immer selbst, ich *muss* aktiv bleiben, will ich mich in diesem übersinnlichen Element behaupten. Hier passiv zu werden, bedeutet, zurückzufallen in das alltägliche Gedankenleben. Aber meine Aktivität webt zugleich einen *Schleier*, und das Gewebe bin ich selbst. Es verhüllt die objektive geistige Welt. Was ich bis jetzt an Geist erlebe, ist die eigene geistige Aktivität. Im imaginativen Vorstellen erschaffe ich das Bild. Im inspirativen Erleben lebe ich in *meiner* bildschaffenden Kraft.

Es gibt noch eine dritte Ebene, auf die wir uns begeben können, wenn wir auch noch von der bildschaffenden

Kraft abzusehen vermögen und unsere Andacht noch weiter vom Erdendasein abwenden. Auch jetzt gibt es zwei Möglichkeiten.

Wenn die Übung noch nicht so weit fortgeschritten ist, dass die dritte Ebene sich uns spontan offenbart, können wir diese dennoch suchen, und zwar, indem wir versuchen, die entfaltete bildformende Kraft derart zu entspannen, dass sie gänzlich verschwindet.

Was wir zuerst unter Einsatz der vollen innerlichen Energie zustande brachten, entspannen wir nun unter Einsatz einer inzwischen gewachsenen Energie. Die Anstrengungen werden anfangs wahrscheinlich ohne Resultat bleiben. Entweder kann man sich durch die bildschaffende Kraft in der Meditation aufrecht erhalten, oder man fällt in das Physisch-Sinnliche zurück. Allmählich aber bekommt man seine Kraft in den Griff, man lernt, klar bewusst zu bleiben und die wirbelnde, rhythmische Bewegung verstreichen zu lassen, wie wenn ein bewegtes Meer zur Ruhe kommt. Weil man *selbst* der Initiator der Bewegung ist, lernt man, sie in ihrem Ursprung zu entspannen. Dort aber, wo die bildformende Kraft entspringt, findet man die *dritte Ebene*: die Ebene des *Bildschöpfers*, des *Denkers*. Man findet sich selbst als Initiator sowohl der Bewegung als auch der Stille. Eine großartige, immense Finsternis tut sich vor einem auf: Man steht sich selbst, seinem eigenen Wesen gegenüber. Man hat die volle Beherrschung *und* das Bewusstsein seines eigenen Wesens erreicht; von jetzt an weiß man in der Meditation ganz genau, was von einem selbst ausgeht – also subjektiv ist – und was objektive Bedeutung hat. Alle Subjektivität wurde in der Imagination und Inspiration durchlebt, als Bild und als Kraft. Man kennt die Offenbarung der eigenen Aktivität, aber man kennt nun auch die Möglichkeit, ganz bewusst *nichts* zu entfalten – unter Erhalt der vollen, aber leeren innerlichen Aktivität. Man wünschte, man würde neue Worte kennen, um diese Erfahrung – die vor dem Erreichen der dritten Ebene nicht, *niemals* vorkommt – beschreiben zu können. Man lebt in einer Tiefe, die anfangs finster und doch durch und durch bekannt ist. Im gewöhnlichen Leben nennt man diese Tiefe ‚Ich', aber man hat keine Vorstellung davon, wie unauslotbar tief und finster dieses ‚Ich' ist. Manchmal wird man gewahr, wie die Form dieser tiefen Finsternis mit der innersten Form seines Skeletts übereinstimmt, aber sich darin zum Makrokosmos vertieft und ausdehnt. Es sind nur Vermutungen, keine sicheren Erlebnisse. Auch jetzt hat man, mehr als je zuvor, das Studium der Geisteswissenschaft nötig, um sich Begriffe für die eigenen Erfahrungen zu erwerben. Und man wird jedes Mal wieder schaudernd erfahren, wie *alles* miteinander übereinstimmt, wie sehr auch die innerliche Entwicklung Gesetzmäßigkeiten unterworfen ist.

Es kann auch anders verlaufen. Die dritte Ebene, die des eigenen Wesens, kann sich einem – als Frucht der intensiven Übung – spontan auftun. Während die bildformende Kraft in voller Wirbelbewegung begriffen ist, kann es geschehen, dass sich die Andacht plötzlich von dieser Kraftentfaltung auf deren Urheber verlagert. Man erlebt dann gleichsam die Einheit des Denkers und seines Gedankens, man sieht, wie die bildformende Kraft übersinnliche Offenbarung des aktiven Wesens ist, das man selbst ist. Man kann diese spontane Intuition des eigenen Wesens auch mit Hilfe eines Spruches zu wecken suchen. Die Worte von Thomas von Aquin sind hierfür eine Möglichkeit:

Wenn das Denkende (der Denker) und der Gedanke dasselbe ist, dann ist das Wort der Begriff und ein Abbild des Geistes, aus dem es hervorgeht.[5]

Es gibt keinen Gedanken mehr, kein Bild, nur bildformende Kraft, die eins mit dem Denkenden ist. Die Offenbarung des Denkenden ist das Wort. Wir richten unsere Andacht zuerst auf das Wort, auf die Kraft, und dann allmählich auf das Denkende. Ist das Denkende einmal gefunden, wird man sich selbst als Denker gewahr, dann hat man auch die Freiheit zur Denk-Leere, zur aktiven Entspannung der sich offenbarenden Kraft.

Der Denker, der nun auch aktiv *nicht* denken kann, muss so lernen, *sich denken zu lassen*. Der Denker wird zum Schauplatz, auf dem sich die geistige Welt objektiv in Bild, Wort und Wesen zeigt. Der bildformende Denker webte einen Schleier; der aktive Nicht-Denker zieht den Schleier – der die Offenbarung seines Selbst ist – fort, zieht das Gewebe fort, wird durchsichtig, ohne zu verschwinden. Die immense, tiefe Finsternis bietet die *Form* für die geistige Welt. Sie schweigt, und der Geist beginnt zu sprechen, in Bild, Wort und Wesen.

In der Imagination bringen wir, indem wir uns in der Konzentration aufrechterhalten, *Willen*, d.h. *Aktivität*, in unser Denken. Das gewöhnliche Denken verläuft von selbst, außerhalb unserer direkten Willenskraft. Nun, in der Imagination, *wollen* wir diese Gedanken denken und nichts anderes als diese Gedanken. Dadurch wird das Bild zur gestauten Phantasie, weil die Phantasie durch den Willen gestaut und gezügelt wird. Was in dieser Phase nicht

---

5 Thomas von Aquino, Super Evangelium S. Joanni lectura, I, 1-11.

vergessen werden darf, ist, dass die Gedanken, das Bild durch und durch *gefühlt, erlebt* werden müssen. Wir dürfen dem Bild nicht schon vorher mit Gefühl gegenübertreten, dann durchtränken wir es mit unserer Persönlichkeit, und diese hat im Makrokosmos nur geringen Wert. Wir müssen versuchen, uns in unserem Fühlen immer mehr und mehr für den Wert des Gedankens, des Bildes *selbst* zu öffnen. Ein moderner Wissenschaftler hält sein Gefühl aus dem Denken heraus. Diese Fertigkeit benutzen wir in der Meditation, um unser persönliches Gefühl außerhalb zu halten. Der meditative Gedanke enthält bereits in sich einen Gefühlswert, und dafür können wir uns öffnen lernen. So bereiten wir uns auf die Phase der Inspiration vor.

In der Inspiration wird das Denkbild als bildformende *Kraft fühlbar*. Das Gefühl, das Gemüt, ist hier das ‚übersinnliche Sinnesorgan‘. Nur ist es keine direkte Sympathie und Antipathie, sondern Denkkraft durchdrungen von Willenskraft, die wir jetzt fühlen.

In der Intuition schließlich dringen wir mit dem still gewordenen Bewusstsein bis zum Willen vor. Es ist eine große Gelassenheit notwendig, um das zuzulassen. Der Wille, der immer ‚etwas‘ will, wird nun von Ruhe durchdrungen. Im Alltagsleben wird dieser Wille, der immer schon etwas will, in den Ereignissen des Schicksals geprüft. Wenn das Leben Glück bringt, ist es in Übereinstimmung mit dem ‚wollenden Willen‘. Wenn es jedoch ungünstig ist, widerstrebt dies dem Willen. Man muss dann jedes Mal wieder entscheiden, ob man Rückschläge überwinden kann und muss, oder ob man sie in Gelassenheit annehmen muss.

Herr, schenke mir die Gelassenheit,
die Dinge hinzunehmen, die ich nicht ändern kann,
schenke mir den Mut,
die Dinge zu ändern, die ich ändern kann,
und schenke mir die Weisheit,
den Unterschied zu erkennen.

Nach Franciscus von Assisi.

In diesen Worten kommt die Aufgabe für das Willensleben des Alltags in vollkommener Weise zum Ausdruck. Das Erfüllen dieser Aufgabe ist eine notwendige Vorbereitung, um die Stufe der Intuition zu erreichen. Wenn man sich gegenüber seinem Schicksal nicht richtig zu verhalten weiß, bleibt die Intuition unerreichbar. Man muss schließlich sein Wesen, das immer *will*, in einem aktiven *Nicht-Wollen* zur Ruhe bringen können. Dieses Nicht-Wollen kann so stark werden, so gelassen, so voll Hingabe, dass es sich gleichsam umstülpt, wodurch die ‚Innenseite' des Wesens erfahrbar wird – wie sie ihren Ursprung in der geistigen Welt hat, und dort Wesen inmitten von Wesen ist.

Der Meister des Abendlandes hat diesen Weg in vielerlei Formen beschrieben. Zusammengefasst in einem Spruch erscheint dieser Weg von Imagination, Inspiration und Intuition in den folgenden Worten, aus einem der *Mysteriendramen*. Ein solcher Spruch ist außerordentlich geeignet, um die Seele auf das Gehen dieses Weges zur Umwandlung des Bewusstseins vorzubereiten, und bringt diese Umwandlung während der Meditation zustande.

In deine Seelentiefen dringe ruhig,
Und Starkmut lass dir Führer sein.
Verliere frühern Denkens Formen,
Wenn du versinkst in dich,
Um dich zu dir zu führen.
Ertötend alles Eigenlicht
Erscheint dir Geisteshelle.

In deinem Denken leben Weltgedanken,
In deinem Fühlen weben Weltenkräfte,
In deinem Willen wirken Weltenwesen.

Verliere dich in Weltgedanken,
Erlebe dich durch Weltenkräfte,
Erschaffe dich aus Willenswesen.
Bei Weltenfernen ende nicht
Durch Denkentraumesspiel;
Beginne in den Geistesweiten,
Und ende in den eignen Seelentiefen:
Du findest Götterziele,
Erkennend dich in dir.

Ein Schritt vorwärts in der Erkenntnis geheimer Wahrheiten muss mit drei Schritten vorwärts in der Vervollkommnung des Charakters zum Guten einhergehen

Zu Beginn dieses Buches nannte ich schon eine Grund-Voraussetzung für die innerliche Entwicklung, eigentlich ist dies die *einzige* Voraussetzung: Liebe zum Guten, zur menschlichen Güte – und der Wille, sich dazu immer mehr zu vervollkommnen.

Der Weg zur Erkenntnis *kann* ein Weg ausschließlich zur Erkenntnis sein. Der hier beschriebene Weg setzt beim intellektuellen Vermögen an und führt zu einer Erweiterung dessen. Das Gute hat insoweit einen Platz im Intellekt, als man davon Kenntnis nehmen kann. Diese Erkenntnis hat wirklich absolut keine Bedeutung, wenn sie nicht zugleich *gefühlt* wird. Wenn es keine Sympathie für das Gute gibt und wenn keine Antipathie für das Böse herrscht, kann man diese Erkenntnis auch entbehren, sie ist von keinerlei Bedeutung. Sogar wenn sie gefühlt, *erlebt* wird, ist ihre Bedeutung noch gering, denn man hat sie noch nicht mit seinem *Wesen* verbunden. Das Gute kann nur im *Willen* als Realität leben, dann aber muss das Gute nicht nur gewollt, sondern auch getan werden. Es gibt einen Weg, direkt mit diesem guten Willen, der *getan* werden kann, in Kontakt zu kommen: darüber später mehr. Hier, an dem Punkt, wo wir jetzt sind, haben wir das Erkennen als Angriffspunkt für eine Entwicklung zum Geist genommen, und wir haben das Wissen erweitert zur Imagination, Inspiration, Intuition. In der Intuition fanden wir unser Willens-Wesen, aber es ist da eigentlich indifferent, es kann frei wählen zwischen Gut und Böse –

auch wenn jemand, der all diese Mühe auf sich genommen hat, einen derart starken Drang zur Selbstlosigkeit haben wird, dass das Böse ihn oder sie nicht mehr reizen wird. Aber unterschätzen wir nie die verführende Macht des Bösen, sie bleibt an uns interessiert – wird es sogar in dem Maße, wie wir dem Geiste näher kommen, immer mehr werden. Es droht für das Böse ja, dass es eine Seele verlieren wird!

Darum ist eine intensive moralische Entwicklung eine Notwendigkeit.

Außerdem ist die innerliche Entwicklung ein Geschenk, eine Gnade, trotz aller eigenen Anstrengung. Wenn das, was wir empfangen, nicht dreifach als Güte an die Welt zurückgeschenkt wird, treiben wir die Welt aus ihrer Bahn, wirken wir den guten geistigen Mächten entgegen. Aber niemand kann von außen beurteilen, ob wir dieser moralischen Verpflichtung genügen. Jeder Geistesschüler macht dies in Freiheit mit sich selbst aus und akzeptiert keine Einmischung ‚des Anderen', der keine Kategorien hat, um die Moralität zu beurteilen. Sie kann irgendwo zum Ausdruck kommen, wo niemand sie bemerkt, wo sie aber dennoch heilsam wirkt...

Schließlich ist die moralische Übung auch ein notwendiger Schutz unseres Leibes. Durch die Meditation erwirbt man sich ein Stück Freiheit, die man von Natur aus nie haben würde. Dadurch wird die Natur-Ordnung des Leibes gestört. An deren Stelle tritt die Wärme der Güte als geistiges Ordnungsprinzip der leiblichen Natur. Selbstbewusster Geist und Gesundheit gehen nur auf dem Boden des Guten zusammen.

Die moralische Übung besteht *nicht* aus einer Pflicht zu Armut, Keuschheit und Gehorsam oder zum Vollbringen guter Taten, nicht aus Enthaltung oder Unterdrückung des Trieblebens. Es sind tägliche – kleine – Übungen, die die Seele reinigen, wodurch sie durchsichtig wird wie klares Wasser. Sie lebt und sie strömt, aber durch sie hindurch erscheinen Natur und Geist ungetrübt. Es handelt sich um die Übungen des *achtgliedrigen* Pfades, wie sie schon fünf Jahrhunderte vor Christus durch Gautama Buddha als der Pfad der Liebe und des Mitleids gegeben wurden.

Daneben gibt es eine zweite Reihe von Übungen – der *sechsgliedrige* Pfad –, die der reinen, lebendigen Seele Selbstbewusstsein und Meisterschaft über sich selbst schenken. Wie der achtgliedrige Pfad nicht ohne die Lehren Buddhas gegangen werden kann, so beruht der sechsgliedrige Pfad, ohne den die Seele nicht zur Realität ihrer selbst kommen kann, auf dem realen Christusimpuls. Buddha und Christus: Buddha als *Lehrer* der Liebe und des Mitleids; Christus als das *Wesen* von Liebe und Mitleid selbst.

In meinem Roman ‚Lotus und Lilie‘, in dem der Buddhismus und das Christentum einander in der Person eines östlichen Meisters und eines westlichen Professors begegnen, habe ich die beiden Pfade im Dialog beschrieben.[VI]

Hier werde ich nochmals eine systematische Beschreibung geben. Aus der jahrelangen Erfahrung mit diesen Übungen heraus beschreibe ich zuerst den **sechsgliedrigen Pfad**. Ohne die Fertigkeit in diesen sechs Qualitäten scheint mir die Übung des achtgliedrigen Pfades eine Unmöglichkeit. Die Hektik und das Chaos des Alltagslebens bringen uns jedes Mal wieder in einen Traumzustand in Bezug auf unser eigenes innerliches Leben. Die Wachheit kommt durch den sechsgliedrigen

Pfad zustande. Der Pfad ist einfach und doch so schwer. Er erfordert jeweils fünf Minuten pro Tag, aber sogar diese *fünf Minuten* werden verschlafen, verträumt. Hat man einmal diesen Pfad betreten, dürfte man ihn nie mehr verlassen. Er müsste eine Gewohnheit werden, die zum Leben gehört wie Essen und Trinken.

Die *erste Übung* erfordert wirklich nur fünf Minuten. Man zieht sich selbst von seinen Tätigkeiten zurück, sowohl äußerlich als auch innerlich. Man sucht einen ruhigen Platz, wo man kurz ungestört sitzen kann. Dann schließt man seine Augen und sucht auch innerlich Ruhe. Man setzt nun selbst einen Gedankengang in Gang, aber es ist keine Meditation. Es ist eine *Kontrolle des Denkens*, ein freies Wählen eines Themas und dann ein fünf Minuten während Formen von Gedanken darüber. Es darf kein Ideal oder künstlerisches Thema sein. Für diese Übung ist die nüchterne Erden-Logik eine Notwendigkeit. Man wähle darum vorzugsweise einen Gebrauchsgegenstand, zum Beispiel einen Briefumschlag, ein Messer, ein Buch oder ähnliches. Man bilde davon eine Vorstellung und denke während fünf Minuten darüber nach, ohne auf Seitenpfade abzuirren. Man bedenke die Herstellung, die Herkunft des Materials, den Nutzen, die Gebrauchsmöglichkeiten, die Varianten und so weiter. Nach fünf Minuten muss der Gegenstand noch ebenso klar vor dem geistigen Auge stehen. Diese Übung muss ‚gelingen', bevor man zur zweiten weitergehen kann. Das Beste ist, sich einen Monat lang damit zu beschäftigen und in diesen fünf Minuten der Denkübung nach Kontinuität und Stabilität zu streben. Dann ist genügend Wachheit vorhanden, um zur *zweiten Übung* überzugehen.

Strebten wir im ersten Monat nach der Kontrolle über

das Denken, so steht im zweiten Monat die *Kontrolle des Willens* im Mittelpunkt.

Auch wenn nur eine kurzzeitige Klarheit und Beharrlichkeit inmitten all der träumenden Hektik des Tages entsteht, wird man merken, dass fünf Minuten der Übung sich wie eine Wohltat auch im restlichen Teil des Lebens verbreiten, so wie Sauerteig das ganze Brot aufgehen lässt...

Man nimmt sich morgens vor, später am Tage – zu einem bestimmten Zeitpunkt – eine Handlung zu verrichten. Auch hier kommt es auf die Freiheit und auf den kontrollierten Willensimpuls an. Es soll eine kleine Handlung sein, die keinen anderen Sinn hat, als sie in Freiheit zu vollbringen. Obwohl man eine solche Handlung – es darf auch jeden Tag eine andere sein – wieder einige Wochen hindurch verrichten soll, darf deren Lebendigkeit nie in Routine entarten. Es gibt Menschen, die meinen, sie würden diese Übung tun, indem sie täglich um elf Uhr die Armbanduhr ans andere Handgelenk binden. Das ist sinnlose Routine, die die Größe dieser Übung verspottet. Es geht um den täglich wiederkehrenden Gedanken, das Vorhaben, was dann bis in den Willen wirkt. Man sollte den vorgenommenen Zeitpunkt lieber verschlafen, als eine Routinehandlung zu verrichten. Man *wird* das Vorhaben wahrscheinlich auch oft vergessen, es fällt einem erst viel später oder überhaupt nicht ein. Man versuche es trotzdem jeden Tag wieder, der Erfolg kommt bestimmt. Man lasse das Erleben zu sich durchdringen, dass man zumindest *eine* absolut freie Handlung vollbracht hat, eine, die durch keine einzige Notwendigkeit getrieben ist, mit aller Routine und Pflicht nichts zu tun hat. Es gibt niemanden, der einen verpflichtet, man nimmt es sich selbst vor und führt das Vorhaben aus. Eine zweite Frucht der Übung ist die Entwicklung einer Vernünftigkeit im Vorhaben.

Man lernt, auf die Ausführbarkeit der Handlung zu genau *diesem* Zeitpunkt zu achten. Die erste Übung brachte ein gewisses Maß von Selbstbewusstsein in das Denken, die zweite in den Willen.

Die *dritte Übung* schult das Gleichgewicht zwischen beiden Polen, das Gleichgewicht im Gefühlsleben. Man lässt unterdessen die vorangehenden Übungen nicht beiseite, weil man deren Frucht wieder verlieren würde, sondern man stellt nun sein Gemüt ins Zentrum und achtet hierauf. Man hat inzwischen eine gewisse Wachheit entwickelt, wodurch es einem gelingt, durch die Hektik des Tages hindurch ab und zu sich selbst gewahr zu werden. Man achte darauf, dass das Gemüt *gleichmütig* bleibt – was etwas anderes ist als lau oder gleichgültig. Freude und Leid, darum geht es. Natürlich darf man die Freude voll genießen, aber man beherrscht sie, sie beherrscht einen nicht. Dasselbe gilt für das Leid. Wenn das Leben einem einen Schlag zufügt, ist es natürlich unmöglich, diesen nicht zu fühlen. Nur lässt man sich nicht überwältigen, obwohl man zugleich nicht den geringsten Widerstand hat. Man ist davon durchdrungen, dass Leid einen *Sinn* hat, auch wenn man diesen oft nicht einsieht. Man kann die Stürme am besten ertragen, wenn man sich mitbewegt. Ein biegsamer Baum bricht nicht, sondern schwingt mit im Wind. So gibt man sich Freude und Leid hin, ohne sich davon mitreißen zu lassen. Gerade indem man intensive Gemütsbewegungen beherrschen kann, entsteht Gleichmut. Es empfiehlt sich, fünf Minuten pro Tag mit sich selbst zu Rate zu gehen und sich objektiv zu fragen, wie es in der Lebenspraxis dieses Tages um den Gleichmut steht. Je ehrlicher man gegenüber sich selbst zu sein lernt, desto schneller kommt man weiter.

Die *vierte Übung* ist die der *Positivität*. Durch diese

Übung knüpfen wir den ersten Kontakt mit der Außenwelt, nachdem wir zuerst das Denken, Fühlen und Wollen zu beherrschen gelernt haben. Viel Leid im Leben geht aus dem *Gesichtspunkt* hervor, den man – meist unbewusst – wählt, um den Wert des Lebens beurteilen zu können. Keine Situation, kein Mensch, auch nicht man selbst, ist vollkommen. Aber ebenso wenig ist eine Tatsache ausschließlich negativ. In diesem vierten Monat geht man bewusst auf die Suche nach dem Positiven in *jeder* Situation, in *jedem* Menschen, auch in sich selbst. Kinder tun das – wenn sie gesund sind – noch von selbst. Auf der Entdeckungsreise, die jedes Kind nun einmal macht, hört man, wie es laut überlegt und neben den negativen Aspekten immer auch die positiven sucht. Kinder suchen ein ‚rundes‘, ein vollkommenes Denken. Wir versuchen also nun, wie die Kinder zu sein und die negative Kritik durch ein positives Urteil zu ersetzen. Natürlich werden wir das Falsche nicht gut reden. Wir suchen aktiv nach dem objektiv Positiven. Es gibt dieses *immer*.

Um zu verhindern, dass wir die Positivität verschlafen, schauen wir auch jetzt jeden Tag für eine kurze Zeit auf unsere Fähigkeit zur Positivität. Die Reflektion stärkt das Selbstbewusstsein und bringt die Übung mehr in das klare Licht der Wachheit.

Die *fünfte Übung* öffnet die selbstbewusste Seele – selbstbewusst im Denken, Wollen und Fühlen – für *alles* in der Welt und in einem selbst. Man ist nun in sich selbst so stark geworden, dass man kein Vorurteil mehr braucht, um sich zu behaupten. Man kann sich öffnen und *unbefangen* sein. Man versucht, so aufmerksam wie nur möglich zu sein, man bewegt sich mit allen Gemütsbewegungen mit, man kennt keinen Widerstand mehr, *auch keinen*

Widerstand im Denken. Man kann alles denken, fühlen und wollen, auch das, was man noch nie zuvor erlebt hat, auch das, was einem aus der eigenen Erfahrung heraus unmöglich erscheint. Man hat keinen einzigen Vorbehalt, gegen nichts und niemanden. Man braucht keine Angst zu haben, dass man verletzbar ist, man weiß schließlich in allem das Positive zu entdecken; dies hat einen stark gemacht, wodurch man in der nun zu entwickelnden Unbefangenheit unverletzbar ist! Auch jetzt empfiehlt es sich, jeden Tag in Bezug auf die Unbefangenheit eine Selbstbetrachtung zu üben. Was habe ich heute erlebt? Inwieweit verhielt ich mich unbefangen?

Die *sechste Übung* schließlich bringt die fünf entwickelten Qualitäten miteinander in Harmonie. Man kann nun seine Kreativität entfalten, diese fünf miteinander in Verbindung zu bringen und im *Gleichgewicht* zu halten. Das Ziel ist, dass die Übungen *Lebensinhalt* werden, dass sie einen Teil des eigenen Wesens ausmachen. Das wird nach einer Übungsfolge, nach sechs Monaten also, zumeist noch gewiss nicht der Fall sein. Man beginnt also nach diesem Monat des Gleichgewichts einfach wieder aufs Neue, bei der ersten Übung. Die *Lust*, jedes Mal erneut zu beginnen, ist an sich schon eine Schulung. Abneigung macht das Gehen des Weges sinnlos, dennoch wird diese oft vorhanden sein. Der Widerwille wird schließlich dennoch überwunden, indem man bereits ziemlich schnell gewahr wird, dass man ein kräftigerer, gleichgewichtiger und besserer Mensch wird; dass man Herrschaft und Ordnung im Chaos erwirbt; dass man viel mehr aus dem Leben schöpft als zuvor; dass die Zeit nicht mehr verfliegt, sondern jede Sekunde eine lebendige Ewigkeit sein zu können scheint; dass man das Leben nicht verträumt, sondern in vollen Zügen *genießt*; dass man schließlich auch körperlich stärker wird, gesünder, zu viel mehr imstande.

Wer wollte Widerwillen gegen ein solches Heilmittel haben?

Man hat nun genug Kraft und Selbstbewusstsein entwickelt, um den *achtgliedrigen Pfad* mit einigem Resultat gehen zu können. Auf diesem Pfad lernen wir, mehr *inhaltlich* auf Denken, Fühlen und Wollen hinzublicken und auch *inhaltliche* Änderungen vorzunehmen. Der *sechsgliedrige Pfad* lehrt einen, die Prozesse von Denken, Fühlen und Wollen und die Verbindung mit der Außenwelt in den Griff zu bekommen. Wenn man diese Prozesse beherrschen kann, kann man auch den *Inhalt* unter seine Herrschaft bekommen. Würde man mit einem Betrachten und Korrigieren des Inhalts beginnen, so würde man ‚Wasser zur See tragen‘, weil man den Prozess nicht kennt. Der Inhalt ist schließlich grenzenlos, man gewinnt keine Beziehung zum Ganzen, man ertrinkt in den Details.

Den *ersten Schritt* auf dem achtgliedrigen Pfad nennt man ‚*die richtige Meinung*‘. Hierbei geht es um ein wirkliches Anschauen des Inhalts des Gedankenlebens. Danach wird an dem Inhalt auch *gearbeitet*: man versucht, allmählich das Wesentliche vom Unwesentlichen zu unterscheiden und dahin zu kommen, *nicht* mehr in unbedeutenden Gedanken zu leben. Eine persönliche Meinung hat für die große Weltordnung keine Bedeutung, wie sehr man selbst diese Meinung auch liebt. Man lernt auch erst wirklich, auf andere Menschen hinzuhören, wenn die eigene Meinung schweigen lernt. Ein reines Denken besteht aus einem Denken, das von unnötigem Ballast gereinigt ist und sich klar und licht in der wesenhaften Wahrheit bewegt. Es ist so geschmeidig und biegsam, ehrlich und allumfassend wie ein Baby, aber inhaltsreich und tief wie ein weiser Greis.

Der *zweite Schritt* – ‚*das richtige Urteil*‘ – ist ein Zusammenfügen von *richtige Meinungen* zu einer Schlussfolgerung, oder ein Sich-offenbaren-*Lassen* von Wahrheit und Richtigkeit.

In dieser Übung geht es darum, jede Routine und allen Automatismus zu überwinden und allmählich so weit zu kommen, dass man klar bewusst und wohlüberlegt die eigenen Gründe zu einem Urteil erhebt, um dann von diesem wohlerwogenen Urteil zum *Tun* überzugehen. Sogar wenn man sich mit den täglichen Bedürfnissen beschäftigt, tut man dies bewusst und wohlüberlegt, nicht automatisch und nicht chaotisch. Man lässt sich in seinem Handeln nicht immer durch das bestimmen, was man hört oder sieht, sondern handelt aus innerlich klaren Impulsen.

Die *dritte* Übung nennt man ‚*das richtige Wort*‘. Man richtet seine Aufmerksamkeit auf den Inhalt seines Sprechens. Die richtige Meinung und das richtige Urteil haben das Gedankenleben in Ordnung gebracht, es ist zur Ruhe gekommen und kann mit sich selbst und den Gedanken in der Außenwelt zusammenleben. Nun muss man auf das Sprechen achten: Man versucht, nicht mehr um des Sprechens willen zu sprechen, sondern als Äußerung eines reichen innerlichen Lebens und als Möglichkeit, miteinander zu kommunizieren. Zugleich sucht man das Gleichgewicht zwischen Sprechen und Schweigen. Ein von Natur aus schweigsamer Typ wird vielleicht etwas mehr sprechen müssen, während ein redseliger Mensch das Schweigen üben wollen wird, um das Gleichgewicht zu finden.

Die *vierte* Übung ist ‚*die richtige Tat*‘. In der zweiten Übung haben wir den richtigen *Entschluss* geübt, dies hat Einfluss auf die Art unseres Handelns. Die richtige Tat, die vierte Übung, entwickelt unser ganzes Auftreten in unseren Handlungen.

Es geht darum, seine Handlungen sorgfältig zu untersuchen und allmählich in volle Übereinstimmung mit dem Leben um einen herum und mit der Schönheit, Wahrheit und Güte im Allgemeinen zu bringen. Die eigenen Handlungen müssen so umgeformt werden, dass sie keine Dissonanzen mit der Umgebung mehr bilden (was durchaus nicht bedeutet, dass man sich nie *wehren* dürfte; auch das kann absolut notwendig sein! Es geht nie um die Person oder um den Augenblick, man lernt immer mehr, einen Blick für das große Ganze zu bekommen). Was zuvor impulsives Handeln war, wird nun ein bewusstes Handeln aus bewussten moralischen Impulsen.

Die *fünfte* Übung ist ,*der richtige Standpunkt*'.

In dieser Übung geht es um das Gleichgewicht. Alles im Leben droht, in Extremen zu verlaufen, sowohl innerlich als auch äußerlich. Es verläuft aber auch bei dem einen das Leben mehr innerlich, bei dem anderen mehr äußerlich. Wir sind fortwährend damit beschäftigt, das eine durch das andere zu kompensieren, um wieder in die Balance zu kommen. Wenn man eine Wagschale in die Gleichgewichts-Position bringen will, legt man auf beide Seiten ein gleich großes Gewicht. Es gibt nur *einen* Punkt, wo kein Ausschlag möglich ist, das ist der Gleichgewichtspunkt, das Hypomochlion.

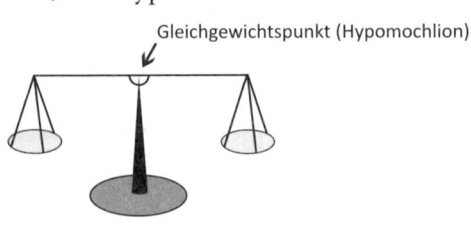

Gleichgewichtspunkt (Hypomochlion)

70

In diesem Punkt versuchen wir zu leben, es ist der richtige Standpunkt, wo das optimale Gleichgewicht herrscht, selbst bei den größten Ausschlägen.

Die *sechste* Übung nennt man ,*die richtige Gewohnheit*'. Solange man noch auf die verschiedenen Verrichtungen achten muss, die man in den einzelnen Übungen schult, hat man die sechste Übung noch nicht vollendet. Nun kommt es darauf an, all das Vorangegangene mit seiner Persönlichkeit zu vereinigen, damit es wirklich ein Teil von einem selbst wird. Man kann die Übung auf vielerlei Weise erfüllen, aber immer geht es darum, dass man eine Verwirklichung des achtgliedrigen Pfades *wird*.

Ein solcher Prozess ist mit dem Schreibenlernen eines Kindes vergleichbar. Das Kind übt die Buchstaben, die Worte, die Sätze. Das Schreibenlernen nimmt eine bestimmte Zeit in Anspruch. In dieser Phase des Lernens liegt die Aufmerksamkeit vor allem auf dem Schreiben selbst. Später, wenn man es einmal kann, achtet man nicht mehr auf das Schreiben – es geht von selbst, es ist eine Fertigkeit geworden, eine Gewohnheit.

Die *siebte* Übung ist ,*die richtige Erinnerung*'. Man will so viel wie möglich vom Leben lernen und das Gelernte als Erfahrung in neue Lebenssituationen mitnehmen. Umgekehrt versucht man auch, von den Fehlern zu lernen, ohne in Grübelei darüber zu versinken. Das Beste ist, nüchtern festzustellen, was man in unvollkommener Weise getan hat; diese Feststellung wirkt selbst als eine Kraft, um es das nächste Mal besser zu machen. So kann man auch von den Vollkommenheiten und Unvollkommenheiten anderer Menschen lernen, vorausgesetzt, dass man die eigene Vervollkommnung in den Mittelpunkt stellt und nicht das Kritisieren oder Belehren anderer.

Die *achte Übung* beschließt den Pfad als ‚*die richtige Anschauung*'.

Die Selbstanschauung ist hier das Ziel, im allgemeinsten Sinne des Wortes. Man hat über seine Seele und ihre Selbstsucht genügend Beherrschung erworben, um einen objektiven innerlichen Standpunkt einnehmen zu können. Nun geht man mit sich selbst zu Rate, wie es darum steht. Wie wesentlich sind die eigenen Gedanken, Worte, Taten? Was sind eigentlich die Ideale, für die man lebt? Wonach will man innerlich streben? Gesunde Selbstkritik ohne Bedauern ist das, worum es geht, aber in einer tiefen innerlichen Anschauung, nicht in einem oberflächlichen psychologischen Blick auf sich selbst.

Sie können wie eine Vielheit von Aufgaben scheinen, diese zwei Pfade. Das Lesen einer Beschreibung wird etwas Entmutigendes haben. Dennoch ist es leicht, einfach anzufangen. Die Früchte wachsen letztlich von selbst, man kann sie nur nicht schon bei den Wurzeln erwarten.

Schließlich will ich die Aufmerksamkeit hier noch auf drei Eigenschaften lenken, die derjenige, der meditieren will, in sich zur Blüte bringen muss. Sie betreffen eine Vervollkommnung des Willens, des Fühlens und des Denkens.

Die Vervollkommnung des Willens.
Für eine Vervollkommnung des Willens ist das Studieren des Prinzips von Karma und Reinkarnation eine Notwendigkeit. Wir wenden uns nicht der alten buddhistischen Lehre, sondern der modernen christlichen Lehre von Karma und Reinkarnation zu. Wie man, wenn man morgens wach wird, mit den Folgen seiner Taten von gestern konfrontiert wird, so wird man, wenn man

in diesem Leben immer mehr zu Bewusstsein kommt, mit den Folgen seiner Taten aus einem vorigen Leben konfrontiert. Aber es wäre unrichtig, wenn man meinen würde, Unglück und Schmerz seien Strafen Gottes. Man muss versuchen, ein neues Verhältnis zum Unglück zu finden.

Die Auflehnung gegen das Schicksal kann so stark sein, dass man nicht mehr an einen Gott glauben kann, der einem solche Schrecken, solches Unglück sendet oder dies zumindest zulässt. Man meint, man komme nur dann gut vorwärts, wenn man den Wind im Rücken hat, und man verliert aus dem Auge, dass Gegenwind die eigene Kraft vergrößert. Im Sport hat niemand Mühe mit der Notwendigkeit von Training, auch wenn dieses noch so schwer fällt. Vom *Leben* erwarten wir Bequemlichkeit und Glück.[VII]

Vervollkommnung des Willens bedeutet *Stärken des Willens*. Dafür ist es nötig, zu erleben, dass man sein ganzes Leben selbst gewollt hat, bis in die kleinsten Details, und dass Widerstand dagegen Widerstand gegen sich selbst ist, dass man sich dadurch nur abbaut. Will man als Person, als Wesen wachsen und blühen können, gebe man sich in Gelassenheit den Ereignissen hin, ohne in Fatalismus zu verfallen. Fatalismus ist untätiges Zusehen; Hingabe an das Schicksal bedeutet, mit den in ihm lebenden Kräften *mitzuwirken*.

,Wer immer strebend sich bemüht, den können wir erlösen.'

Streben ohne Widerstand, das ist der Kern der Vervollkommnung des Willens.

Die Vervollkommnung des Gefühls.

Hierfür müssen wir eine spezielle Qualität zur Entwicklung bringen: das Vermögen, mit größtmöglichem

Interesse und größter Aufmerksamkeit die Umgebung wahrzunehmen *und* zu ertragen.

Gewöhnlich verschließen wir unsere Augen, wenn unangenehme Dinge passieren, oder wir gehen mit Kraft dagegen an. Beide Haltungen schaden dem Gefühlsleben. Das Gemüt wird stark, indem man alles mit großem Interesse beachtet und dabei die Haltung hat: Nun ja, er oder sie ist nun einmal so. Das scheint das Gegenteil von persönlichem Engagement. Dennoch ist es erst das wahrhaftige Engagement. Sowohl das Abwenden des Blickes als auch das kräftige Angehen gegen etwas sind eigentlich ein Nicht-hinnehmen-Wollen des Anderen. Dieses Nicht-hinnehmen-Wollen des Anderen beruht natürlich auf einer riesigen Selbstüberschätzung, beruht darauf, dass die eigene Person zum gesamten Weltenumkreis aufgeblasen wird. So wird man ein gefühlsarmer Mensch. Man hat zwar starke Gefühle, aber man fühlt immer und überall nur sich selbst. Wachheit in den Sinnesorganen, gepaart mit einem großen Interesse ohne Urteil, lässt das Gemüt gutmütig und wohlwollend werden.

Die Vervollkommnung des Denkens.

Ein gesundes, logisches und kräftiges Denken ist mehr als nur Verstand. Es ist darum auch eigentlich nicht wirklich durch Übungen in z.B. Mathematik oder Logik oder durch ‚Spielen‘ mit einem Computer zu entwickeln. Man muss schon ein gewisses Maß von gutem Denken haben, um es in Mathematik und Philosophie fruchtbar entfalten zu können.

Was sind die größten Gegenkräfte eines gesunden Denkens? Eigenwille und Selbstsucht, Egoismus also. Ein gesundes und starkes Denken entsteht durch eine fortwährende Aktivität, ein fortwährendes Sich-Beschäftigen mit und Untersuchenwollen von Mensch und Natur, ohne mit allerlei Vorurteilen zu kommen. Die Welt ist ein großes Rätsel, und man hört nicht auf, dieses Rätsel zu untersuchen, zu enträtseln. Das gibt ein klares, durchsichtiges Denken. Trübes, chaotisches Denken entsteht durch Selbstsucht, durch ein Benutzen des Denkens für eincn selbst und vom eigenen Standpunkt aus. Davon wird man ein unzufriedener, griesgrämiger Mensch. Ehrsucht und Eitelkeit machen das Denken unmöglich, weil sie einen hindern, den Denker-Blick objektiv nach außen zu richten. Es geht dabei nicht so sehr um die großen Lebensfragen, die ‚letzten' Fragen, sondern um alle scheinbar belanglosen Vorfälle und Details im Leben.

Unzufriedenheit beruht auf Selbstsucht und ist ein Symptom eines schwachen und ungesunden Denkens.

Meditation auf dem Fundament der Freiheit

In der ersten Form der Meditation wird in der Intuition die Stufe erreicht, auf der in der zweiten Form der Meditation *angefangen* wird. Um diesen Punkt zu finden, verweise ich Sie auf ‚*Suche das Licht, das im Abendlande aufgeht*'. Darin habe ich den Leser Schritt für Schritt zu diesem Punkt geführt. In den Betrachtungen in ‚*Ethischer Individualismus versus kommunikatives Handeln*' habe ich den Weg zu und von diesem Punkt weiter beschrieben. Ich werde versuchen, hier in Kürze wiederzugeben, um welchen ‚Punkt' es geht.

Es gibt *einen* Moment im Inneren eines jeden Menschen, wo man vollkommen frei ist, durch nichts gehindert, durch nichts und niemanden gezwungen. Dieser Moment kann nach Belieben wiederholt und ausgedehnt werden; die momentane Freiheit wächst dann zu einem wesentlichen Bestandteil des Menschenlebens. Was ist dieser Moment? Es ist die *Initiation* des Denkens, das vollkommen bewusst gewollte In-Gang-Setzen eines Gedankenganges. Man prüfe sich selbst: Nirgends, nie wird man eine Aktivität finden, von der man sicher sein kann, dass sie auf freiem Willen beruht, mit einer einzigen Ausnahme: dem Akt des In-Gang-Setzens eines Gedankengangs, eines Denkprozesses. Möglicherweise gibt es diese freien Momente oft, aber man hat keine Sicherheit bezüglich der eigenen Freiheit. In dem Moment des In-Gang-Setzens des Denkens – wie z.B. in dem Moment, in dem man eine Meditation beginnt, die ganz aus reinem Denken besteht – hat man diese Sicherheit ganz und gar. Nichts und niemand kann einen zwingen, einen Denkprozess in Gang zu setzen. Wenn man einen Beruf hat, in dem man kreativ denken muss, ist das doch noch eine Art Zwang zu denken. Über diese Momente spreche ich hier nicht. Hier geht es um die Ausnahmemomente, die man sich selbst schenkt, in denen der eigene Wille das Denken in Gang setzt. Man kann sich auf seinen Stuhl setzen und dösen, träumen oder assoziieren. Man kann grübeln. Das ist kein Willenseinsatz, und es ist kein Denken. Das In-Gang-Setzen des Denkens in Freiheit ist so etwas wie Aufstehen aus dem Stuhl und an die Arbeit gehen – aber völlig innerlich. Man erhebt sich aus seinem passiven Gedankenleben, und man fängt an. Wie könnte man je beginnen, wenn man es nicht selbst will?

Man richte sich nun auf dieses Freiheitsmoment, es wird das Thema der Meditation. Man wird vielleicht immer wieder und wieder anfangen müssen und immer wieder keine Wahrnehmung seines innerlichen Anlaufs, seines *Willens* im Denken haben. Man nimmt sich einen bestimmten Denkinhalt vor, klein, übersichtlich und klar, und man beginnt zu denken. Man achte jeweils scharf auf den *Beginn*, auf den Übergang von Passivität in Aktivität, von Unbestimmtheit in Klarheit, von Unsicherheit in Sicherheit, von Nicht-Wollen in Wollen, von Nicht-Denken in Denken. Wenn man ‚*Suche das Licht...*' tut und immer weiter damit macht, findet man diesen Punkt, früher oder später. Das Finden dieses Punktes ist ein grandioser Moment, es ist nicht einfach ein Gedankengang, eine Meinung oder ein Glaube. Es ist ein *Geschehen*.

Man findet drei wesentliche Eigenschaften in einem: Man findet die *Freiheit*, das *Denken* und den *Willen*. Jede Vorstellung dieses Geschehens greift zu kurz. Meine hier geschriebenen Worte *rühren* nicht einmal an die Intensität dieser Erfahrung. Es ist eine Wiedergeburt aus dem Geist, es ist die Geburt des *Ich*, wie es nur zu finden ist, wenn es *sich aktiviert*.

Das Freiheitsmoment, das sich aktivierende Ich, der eigentliche Mensch wird Gegenstand der Meditation.

Darauf richtet man seine Aufmerksamkeit, seine Konzentrationskraft, aber auch sein Interesse und seine Hingabe, sein Einsichtsvermögen, ja alles, was man hat. Meditation mit dem *Moment der Freiheit als Gegenstand* wird zu einer Tat, einem Akt der Befreiung. Man reißt sich los von aller Objektgebundenheit und damit von der realen Gebundenheit an seinen Leib, an sein Schicksal. Während der Augenblicke der Meditation verstärkt sich das innerliche Ich-Erleben, aber losgelöst von allem übrigen Inhalt. Es gibt nur *einen* Inhalt, eine Aktivität, eine Kraft: Man ist es selbst, frei von der Körperlichkeit, frei von jeder Gebundenheit und doch *lebend* in einer Intensität, die einem zuvor unbekannt war. Dies ist der Anfang von *exakter* Hellsichtigkeit, von Geisteswissenschaft. Man wird den Geist mit demselben klaren, geschulten Denken gewahr, mit dem man Mathematik betreibt; zugleich befindet man *sich* in derselben innerlichen Ruhe und Objektivität. Nur ist der Gegenstand rein geistig, er ist nämlich die Aktivität des eigenen Geistes. Was Fichte ‚*Tathandlung des Ich*' genannt hat, wird hier nicht nur zustande gebracht, sondern kommt in der meditativen Anschauung, der denkenden Anschauung zur Erscheinung. So ungefähr beendete ich ‚*Suche das Licht...*', in dieser Umkehrung des In-Gang-Setzens des Denkens in eine lebendige Anschauung dessen, eine denkende Anschauung in aktiver Hingabe.

> ‚*Erlebt er sich nun in der Wesenheit,*
> *die in ihm denkt, so dass er über*
> *das bloße Denken zu geistigem*
> *Erleben aufsteigt, dann ergreift ihn*
> *von diesem Erleben aus eine innere*
> *rein geistige Kraft des Verbildlichens.*'[VIII]

Ich habe es gewagt, diesen Übergang mit der Metamorphose von Philosophie in Anthroposophie gleichzusetzen, wobei ich die beiden Worte wirklich im wörtlichen Sinne verwendet habe. An dem, was gegenwärtig Anthroposophie heißt, will ich dabei vollkommen, ganz und gar vorübergehen und zurückgehen zum ursprünglichen Impuls, zu demjenigen, was in der wörtlichen Bedeutung des Wortes Anthroposophie lebt und was nur dann zur Bewegung, zur Erfahrung, zum Leben, zur Wirklichkeit wird, wenn man wirklich tut, was oben geschrieben steht. Es gibt *nicht* ,viele Möglichkeiten, um zur Geistes*wissenschaft* zu kommen', wie oft behauptet wird. Es gibt nur *eine*, und diese ist hier beschrieben. Es gibt durchaus *mehrere Vorbereitungen* bis zu diesem Punkt, aber der ,Punkt' kann nicht überschlagen werden. Was gegenwärtig Anthroposophie heißt, entbehrt den anthroposophischen Impuls und entbehrt diesen völlig: dieser Impuls ist der Einschlag des *Ich* – der moralische Aktivität – in das Denken. Dieser Impuls kann nirgendwo anders gefunden werden als in der Einsamkeit der individuellen Aktivität, der einsamen innerlichen Aktivität.

In ,*Suche das Licht...*' habe ich beschrieben, wie das Erleben des aktiven Ich, des Freiheitsimpulses, so stark wird, dass dieses schließlich als unerträglich erfahren wird. Es verlangt eine neue Metamorphose, eine neue *Welt* außerhalb des Ich, neue Objekte, eine geistige Welt, in der das geistige Ich sich zuhause fühlt, aus der es schließlich geboren ist. Das Ich ist geboren, lebt in der zunehmenden Energie, der Aktivität, aber will dann aus sich *heraus*treten. Das Erleben des Geistes-Ich will zu einem Leben im Weltengeist werden. Dazu müssen wir die Meditation selbst in eine Metamorphose bringen, wir müssen ihr einen anderen Charakter geben.

Die Anschauung des Freiheitsimpulses, des sich selbst erschaffenden Ichs, darf nun kein *Gedanke* mehr sein. Es ist an dieser Stelle sehr schwierig, die Erfahrungen noch in Worte zu fassen. Wenn man mit dem In-Gang-Setzen des Denkens beginnt, ist es der entfaltete *Gedanke*, der die Aufmerksamkeit und Andacht erfordert, nicht die Tat des In-Gang-Setzens. Die Aktivität muss selbst so intensiv und stark werden, dass sie in die Andacht eintreten kann und nicht *selbst ein Gedanke bleibt*. Wenn man einen Gegenstand von hier nach dort verlagert, liegt auch die Andacht auf dem Gegenstand und der Ortsveränderung, nicht auf der Aktivität des Verlagerns. So ist es auch bei dieser Form von Meditation. Aber jetzt ist es gerade das Anders-Ausrichten der Andacht, worauf der Nachdruck liegen muss. Weil das In-Gang-Setzen des Denkens sich ganz im Gedankenleben abspielt und das Gedankenleben nur Bild und nichts Substantielles ist, tritt das In-Gang-Setzen des Denkens zunächst auch als *Bild* in das Bewusstsein. Erst durch intensive Übung, wobei man natürlich immer das Gefühl hat, ins Nichts zu greifen, keinen Grund unter den Füßen zu haben, kommt langsam etwas anderes als das Bild in das Bewusstsein. Man beginnt, real *Kraft* zu erleben, man hat das Bild nicht mehr so nötig, um andächtig und wach in der Meditation zu bleiben. Diese Kraft ist mit nichts aus dem bekannten Leben zu vergleichen. Eigentlich kennt man das Phänomen Kraft nur in seinen Wirkungen. Windkraft, Muskelkraft, Kraft, das Schicksal zu ertragen... In der Meditation wird Kraft *selbst* eine erlebbare Erscheinung. Man ist es selbst, sein eigenes Sein, sein Ich, seine Freiheit der Gedanken-Entfaltung – nun nicht mehr als Gedanke, sondern als erlebbare Kraft. Die gewöhnliche Wahrnehmung und das Denken lösen sich auf in Bewegung, Wirbel; es gibt nichts

Fremdes, denn man ist es durch und durch selbst, und doch hat man sich noch nie zuvor so erlebt. Man ist noch immer Denker, man lebt noch immer in der meditativen Anschauung.

So durchdringt man mit seinem Erkenntnisvermögen seine auferweckte Kraft. Es ist eine intime Vereinigung vom Willen und Denken, die in dem feinsten Gefühl resultiert, das möglich ist. Man fühlt seinen Willen als Kraft, und man denkt dieses Gefühl. Dies alles wird dem beginnenden Schüler sehr abstrakt vorkommen. Aber es ist eine Erfahrung, die alle Erfahrung an Realität übertrifft und die außerdem an Wirklichkeit stets zunimmt. In den Schlussworten meines Romans ‚Lotus und Lilie‘ habe ich diese Erfahrung beschrieben:

‚Du weißt, dass ich schon lange in einem Denken lebe, das überpersönlich ist, das ‚über mich hinausgewachsen ist‘. Da ist Licht ... da ist Freiheit, da ist absolute Selbständigkeit, aber auch absolute Verantwortlichkeit. Da ist auch Wille und Kraft. Das Denken erfüllt meine ganze Menschlichkeit, wie ein ‚zweiter‘ Mensch. Ich bin es selbst ... aber es ist absolut nicht mein Körper. Ein neues Selbstbewusstsein also ... ein neuer Leib, ein geistiger Leib. Dieser Leib will beseelt werden, mit Geist von außen. Das bin ich nicht mehr, das ist Erfüllung mit – ich möchte sagen – dem König von Shamballa. Mein Geistleib wird ... Mutter eines Königs.‘[IX]

Diese Erfahrung ist das Fundament für den *zweiten Schritt* in der Meditation, bei dem sich der Standpunkt völlig verändert.

Bis jetzt haben wir uns in Aktivität entfaltet, und diese Aktivität ist wahrnehmbar geworden. Sie hat die Erfahrung des Formerlebens unseres Körpers (so erlebt man stets seinen Körper: als *Form*) metamorphosiert in ein *Bewegungserleben*, das sich zwar ungefähr an der Stelle unseres Körpers befindet, aber doch kein Leibeserleben mehr ist. Ruhige Form ist zu sich bewegender Kraft geworden.

Aber man hat nicht vergessen, dass die sich bewegende Kraft aus der Quelle des Ich entspringt, man ist es selbst, auch wenn sie sich dennoch auch in gewissem Sinne um einen herum entfaltet. Die Bewegung, die das Ich macht, kann mit der *Ausatmung* verglichen werden. Man gibt seine Kraft völlig an die Umgebung, man strahlt von seinem Mittelpunkt her aus. Nur atmet man keine Luft, sondern Licht aus.

Nun versucht man, Ruhe zu finden in dieser Welt von selbst gewolltem, sich bewegendem Licht, sich bewegender Kraft. Diese Welt wird nun *selbst* Gegenstand der Meditation. Man ist wach in einer Bewusstseinswelt voller Kraft, und man beginnt nun, diese Bewusstseinskraft als Licht, als Kraft *einzuatmen*. Inspiration. Die Bewegung kehrt sich um, von zentrifugal zu zentripetal.

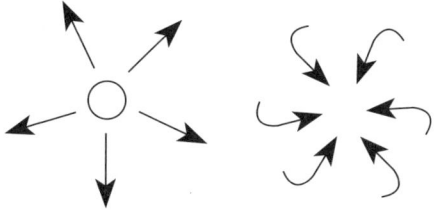

Das Ich wird vom Punkt zum Umkreis, der Mittelpunkt saugt die geistige Welt an und *kann* dies, weil das Ich langsam sich selbst vergisst, zugunsten der einströmenden geistigen Welt.

Die Selbstbeherrschung (im wörtlichen Sinne), die dafür nötig ist, ist außergewöhnlich groß und kann eigentlich nicht durch das Meditieren allein erworben werden. Der *erste* Schritt kann noch durch große ‚intellektuelle‘ Anstrengung, durch ein Üben von Konzentration und Denken getan werden. Der Erfolg beim Setzen des *zweiten* Schrittes hängt mit dem ganzen Leben, der Welt, dem Schicksal zusammen. Was man hier tut, ist mit Trapez-Arbeit zu vergleichen, mit einem Balancieren auf einem dünnen Seil hoch oben in der Luft – obwohl das Herunterfallen nicht gefährlich ist. Man strebt nach Beweglichkeit, Freiheit, Spontanität auf jenem dünnen Seil, aber so weit oben in der Luft kann man es eigentlich nicht lernen, es muss im *Leben* gelernt werden.

Was muss im Leben gelernt werden?

Das ‚*Vergessen*‘ *des Ichs*. Im Alltagsleben lebt das Ich sich im Urteilen aus, es hält sich darin aufrecht. Was die Erde, der Grund unter unseren Füßen für unser Gleichgewicht, unsere Sicherheit ist, ist das Urteil für das Ich. Es hat darin ein festes Fundament.

Dennoch kann die Liebe zur Welt, zum anderen Menschen so groß werden, dass *sie* die tragende Kraft des Ich wird. Es hat kein Urteil mehr nötig, um sich aufrecht zu halten, es lebt von der Liebe. Auch diese Worte dürfen nicht als eine Abstraktion aufgefasst werden, sondern als das Konkreteste, was es gibt.

Liebe ist urteilsfrei im Aufnehmen von allem Übrigen, was man nicht selbst ist, im Absorbieren, Identifizieren, Durchdringen. Wie man in der warmen Frühlingssonne im Licht baden und fühlen kann, dass das Licht einen bis in das Mark der Knochen durchdringt, so kann man alles um sich herum, bis in die feinsten Details, wie Lichtstrahlen warm in sich aufnehmen. Man ist schließlich unverletzlich, denn die Liebe selbst ist der Beschützer, es kann einem nichts geschehen, wirklich nichts. Mit einem Terminus technicus kann man diesen Prozess 'reine Wahrnehmung' oder 'Hingabe an die Welt' nennen, aber damit kann man die Intensität nicht ausdrücken. Reine Wahrnehmung kann außerhalb von einem bleiben; was ich hier meine, vereinigt sich vollkommen mit dem ganzen eigenen Wesen. Die eigene Denkkraft, Bewusstseinskraft, bleibt ganz wach, aber man sieht ab von seinem gewöhnlichen Urteil, *sowohl dem Inhalt nach, als sogar der Bewegung nach.*

Die gewöhnliche Handlung im denkenden Wahrnehmen ist folgendermaßen:

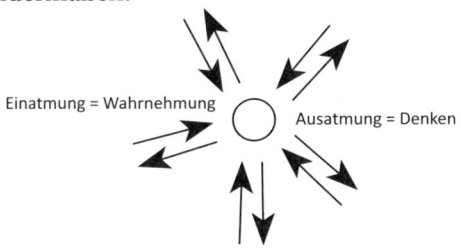

Wahrnehmen ist Einatmung, Denken ist Ausatmung. Nun lernt man Momente kennen – man muss sie selbst erwecken –, in denen das Verhalten wie folgt wird:

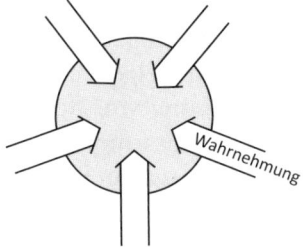

Das ganze innerliche Sein ist erfüllt von den Details und der Totalität alles Übrigen, ohne eine einzige Meinung oder ein Urteil zu formen. Man atmet mit seinem ganzen Sinnesvermögen die Welt als Licht-Bild ein, willig und hingegeben, aber dennoch mit *aufgerichteter* Bewusstseinskraft, Denkkraft.

Dies kann natürlich kein bleibender Zustand sein, er muss durch Übung immer wieder aufs Neue gesucht werden. Aber im Umgang mit dem anderen Menschen bringt er auch schnell Früchte hervor. Namentlich dort ist nach dieser Liebeshaltung zu streben. Niemand hat etwas von unserer persönlichen Meinung oder unserem Urteil über einen anderen Menschen. Es sagt immer mehr über einen selbst als über den Anderen. Aufrichtige Hingabe und unbefangenes Interesse sind es, wonach wir im Umgang miteinander so verlangen. Wir brauchen keine Angst vor Stille oder Schweigen zu haben. Die richtigen Antworten formen sich wie von selbst *aus* der Offenheit in Bezug auf den Anderen, ja wirklich *aus* dem Anderen. Die Welt beurteilt sich selbst auf der Bühne unseres Bewusstseins.

Dieselbe Haltung finden wir in dem zweiten Schritt der Meditation wieder. Was zuerst Denken war, ist zu Bewusstseinskraft, zu Bewegung geworden. Diese Kraft wird dann als Wahrnehmung ‚eingeatmet'.
Die Wahrnehmung des eigenen Leibes formt sich ganz um in eine Wahrnehmung von Bewusstseinskraft, wobei die Kraft als Licht ‚eingeatmet' wird. Auf den Wogen dieser Kraft wird die geistige Welt außerhalb des Ichs eingeatmet.
Die subjektive Imagination wird in der Inspiration zur *objektiven* Imagination.

Im *dritten Schritt* versuchen wir das ‚Vergessen des

Ichs' noch weiter durchzuführen. Bis jetzt haben wir das urteilende, das denkende und fühlende Ich vergessen. Die Willensaktivität ist noch immer da, sie verschafft dem Bewusstsein schließlich die Kraft, in einem inhaltsfreien Zustand wach zu bleiben. Die einzige Energie des Bewusstseins, die in der Inspiration eingeatmet wird, ist der denkende Willenseinsatz des Ichs, auch wenn es von allem Inhalt-Geben absieht. Auch der Willenseinsatz muss nun noch ‚vergessen' werden, während wir dennoch ganz und gar wach bleiben.

Natürlich wird dies nicht mit einem Mal gelingen. Man arbeitet sich allmählich hinauf zu einem kräftigen Bewusstsein, das sich aus sich selbst, aus der eigenen Kraft und Energie aufrechterhalten kann. Das ‚Vergessen' dieser Energie führt gewöhnlich zu einem Zurückfallen in das alltägliche Bewusstsein, und es erfordert lange intensive Übung, den Punkt zu erreichen, an dem das Ich *alle* seine *Wirkungen* vergessen hat und *dennoch* Bewusstsein dableibt. Man ist dann frei von dem jetzigen Ich geworden, sogar frei von dem Ich, was diese Inkarnation vorbereitet hat, und man hat einen innerlichen Raum geschaffen, in dem das Bewusstsein von früheren Inkarnationen entstehen kann. Es scheint mir auf der Hand zu liegen, dass ein wirkliches, wahrhaftiges Begreifen früherer Inkarnationen nicht entstehen kann, solange es noch Wirkungen des heutigen Ichs gibt. Dieses heutige Ich überschattet das Ich, wie es früher war, völlig. Alle Ideen, die diesbezüglich im Bewusstsein aufleuchten, sind nicht vertrauenswürdig, weil man nun einmal *alles* denken kann, Wahres und Unwahres. Erst wenn die Realität des Ich der vorigen Inkarnation in das Bewusstsein einzutreten beginnt – und dies ist erst am Ende einer langen, sehr intensiven innerlichen Übung der Fall –, kann man der Wahrhaftigkeit dessen vertrauen.

Zu dem ‚Vergessen des Ichs' gehört auch das völlige Vergessen dessen, was ich gerne sein würde. Man muss ertragen, dass in das, was zuerst das vertraute Ich-Gefühl war, ein davon vollkommen verschiedenes Ich-Gefühl eintritt. Man kann davon ausgehen, dass sich dieses erst offenbaren wird, wenn *alles* Verlangen danach ‚vergessen' ist; dann wird sich zeigen, wie sehr das Erdenbewusstsein alle innerliche Erfahrung anfänglich färbt und wie weit die ‚Entäußerung', das Absehen von dem Ich gehen muss: sie muss *total* sein.

Dennoch zeigen sich, bevor man so weit ist, Erfahrungen. Beim Üben dieses dritten Schrittes finden wir das reine Denken wieder, aber nun in einer anderen Form, in einer realen Gestalt. Zuerst hatten wir es als Ausgangspunkt, als ein Denken, das sich vom Inhalt her nicht mehr auf die Sinnesorgane stützt. Es ist dem Inhalt nach sinnlichkeitsfrei und lebt als solches leibfrei. Indem wir die drei Stufen der Entwicklung so energisch gehen, sind wir nun vorbereitet, um das reine Denken als reale Wahrnehmung zu haben, als einen *neuen Leib*, in dem wir ebenso vertraut leben können, wie in dem Körper, der da noch immer in diesem Stuhl sitzt, aber von dem wir uns mit unserem Bewusstsein ganz frei gemacht haben. Das gewohnte Leibeserleben hat Platz gemacht für das Erleben eines neuen Leibes: *das reine Denken*. Es denkt keinen Inhalt, sondern es *ist*, als Realität. Räumlich gesehen befindet es sich nicht nur dort, wo unser Kopf ist, sondern es folgt dem Raum, den unser Körper einnimmt, und befindet sich zugleich außerhalb, in einem immer weiter werdenden Umkreis. Anfangs ist es ein großartiges Kräftefeld, das man selbst ist, und man fühlt, dass man – obwohl man an der dritten Stufe arbeitete – die erste Stufe in einer verstärkten

Form erfährt. Doch es kommt noch etwas hinzu, etwas, was zuvor nicht da war und was als Gewahrwerden auf Erden nicht in dieser Form existiert. Wohl kann man es *vergleichen* mit irdischen Erfahrungen. Angenommen, man befindet sich in einem prächtigen Naturgebiet, aber das Wetter ist trübe und regnerisch. Dann bricht die Sonne durch. Was zuerst fahlgrau war, gewinnt Farbe, was feucht und kalt war, wird trocken und warm. So bricht die Sonne durch in den Kraft-Leib des reinen Denkens. Aber es ist kein Licht, es ist Moralität, womit der neue Leib durchströmt wird, der moralische Impuls im großen Sinne.

Angenommen, man läuft allein durch die Stadt. Man fühlt sich unverstanden, das Leben hat einen einsam gemacht. Dann auf einmal steht man Auge in Auge mit jenem alten guten Freund, der einen immer verstand. Man fühlt die psychische Wärme, die Liebe von diesem Anderen ausgehen und zu sich hinströmen. So blüht im reinen Denken, in dem man mit sich selbst allein ist, *der* Freund herein, der *nur* gut ist, der die Liebe selbst ist.

Ach, gleich wird man im Leben des Alltags wieder Fehler machen, man unterlässt, was man tun müsste, und man tut, was man unterlassen müsste. Aber jetzt, in diesem Moment der *moralischen Intuition*, ist man durch und durch eins mit dem Impuls des Guten, mit der Liebe selbst. Wenn dieser Moment bei einem bleiben könnte, wäre man ein Segen für die Menschen, für die Welt. Man weiß, dass er einen wieder verlassen wird, aber dass man jedes Mal aufs Neue zurückkehren kann und dass der Impuls in einem wachsen wird, einen durchziehen wird, zu einer Gewohnheit in einem werden wird.

So wird Meditation von einer in Freiheit gewählten Pflicht zu einer intensiven Befriedigung der allerhöchsten, der allergrößten Sehnsucht nach Menschlichkeit.

Meditation im Christusimpuls

Um zu meditieren, braucht man keinerlei Glauben, auch wenn man sich sicher nicht so leicht zur Meditation entschließen wird, wenn man ein überzeugter Positivist oder Materialist ist. Aber theoretisch ist selbst dann Meditation möglich. Meditation, wie sie hier beschrieben ist, als Erweiterung der Möglichkeiten der Erkenntnis und der Moralität, beweist sich selbst im Laufe der Zeit, es ist kein Glaube dafür nötig. Unbefangenheit ist nötig, damit man sich nicht selbst durch vorausgesetzte Meinungen, Vorurteile den Weg verbarrikadiert. Zum Vorurteil gehört auch *Unglaube*, was eigentlich auch Glaube ist, nur eben an das Nichts: Glaube mit einem Minuszeichen. Dieser negative Glaube ist für gewöhnlich sogar fanatischer als der positive Glaube. Der Gläubige zweifelt im Allgemeinen durchaus noch, der Ungläubige kaum. Die beste Einstellung, um mit dem Meditieren zu beginnen, ist Unbefangenheit. Man ist tätig – und man schaut, was geschieht. Aber jemand, der mit der hier beschriebenen Meditation schon reiche Erfahrung hat, kann natürlich von dem berichten, was sich auf diesem Weg zeigt. Das sind allgemein menschliche Erfahrungen, keine persönlichen Besonderheiten. Früher oder später erlebt dies jeder, der ein Kämpfer auf dem innerlichen Weg ist, und die Erfahrungen werden leichter wiedererkannt, wenn man zuvor etwas davon weiß. Auch jetzt wird kein Glaube verlangt, sondern Unbefangenheit. Niemand braucht etwas von mir anzunehmen. Aber wenn man sich auf den Weg begibt und Erfahrungen macht, wird man seinen Weg besser finden. Wenn einem jemand erzählt, dass in Rom das Forum Romanum liegt, und man studiert vorab, was dort zu finden ist, erlebt man bei einem Besuch auf diesem Forum viel mehr. Stört dieses vorangehende Studium die Unbefangenheit?

So will ich bei dieser *dritten Form* von Meditation von einem innerlichen Impuls ausgehen, den der Meditierende früher oder später immer finden wird. Die Benennung dieses Impulses ruft viel Widerstand hervor, sowohl von traditionell christlicher, wie auch von nicht-christlich religiöser und a-religiöser Seite. Dennoch muss der Name genannt werden, denn das Wesen dieses Namens offenbart sich und will *erkannt* werden.

In meiner Beschäftigung mit der Geisteswissenschaft ist mir immer deutlicher geworden, wie unbedeutend Auffassungen, Meinungen, Glaubensvorstellungen eigentlich sind. Sie haben nur eine Bedeutung, solange es *keine* innerlichen Erfahrungen gibt. Wenn diese Erfahrungen jedoch aufzutreten beginnen, hört aller Sinn, über einen Glauben zu streiten, auf. Wenn ein Mensch ein sich reinkarnierendes Wesen *ist,* wird das dann durch meinen Unglauben an Reinkarnation anders? Glaube oder Unglaube ändert nichts an einer *Tatsache.* Dass geistige, übersinnliche Tatsachen nicht für jeden kontrollierbar sind, weiß ich natürlich. Was ich jedoch auch weiß, ist, dass die Tatsachen, die ich hier beschreibe, *für jeden erreichbar sind,* der auf dem meditativen Wege ringt. Da gibt es keine Ausnahmen, denn es ist ein allgemeinmenschliches Geschehen, absolut erhaben über alle denkbaren Unterschiede zwischen Menschen.

Niemand ist ausgenommen, die einzige Voraussetzung ist: *innerliche Aktivität.*

Wozu führt diese innerliche Aktivität?

Das Alltagsleben verläuft in absoluter innerlicher Passivität. Mit dem Körper wird natürlich eine Menge getan, auch das Fühlen und Denken scheint viel hektische Aktivität zu entfalten. Aber ein genaues Anschauen des ablaufenden innerlichen Lebens lehrt, dass auch die sogenannte innerliche Aktivität des Fühlens und Denkens in Wahrheit passiv ist, am Gängelband der sinnlichen Wahrnehmung und der aufkommenden Erinnerungen verläuft. Das Leben ist ein aus sich selbst heraus ablaufender Strom von wahrnehmendem Denken, Fühlen und Handeln. Das Ich folgt diesem Strom, widersetzt sich zwar regelmäßig, steht aber in dem Strom nie stark *auf*, um das Heft zu ergreifen. Kurzum, es geschieht wohl vieles, und wir tun auch viel, aber *nicht innerlich* aus uns selbst heraus.

Es sitzt nun einmal tief in uns ein Widerwille, eine Angst vor der Verantwortlichkeit, die Freiheit doch auch mit sich bringt.

Man hat eine Form von Freiheit, die ausschließlich der persönlichen Willkür folgen will, mitleidlos und selbstsüchtig. Diese ‚Freiheit' bindet einen mehr als je zuvor an das Physische, an die Materie außen und innen. Diese Freiheit meine ich nicht. Hier geht es um die *Freiheit*, die man findet, wenn man *innerlich aktiv* wird. Das ist eine Freiheit, die bis in die Wurzeln und die Früchte des Daseins reicht, und diese fürchten wir, wie wir den Tod fürchten.

Man steht auf der Schwelle eines unbekannten Gebietes, und man schaudert – dennoch will man, muss man gehen. So ist es beim Sterben. In Bezug auf die Freiheit und die Verantwortlichkeit ist dies in noch viel stärkerem Maße der Fall, weil man wirklich selbst *wollen* muss. Neben der Angst vor dieser Freiheit und der Verantwortlichkeit lebt aus der Tradition heraus auch noch die Angst vor der *Sündhaftigkeit* der Freiheit in uns. Ob man selbst nun einen religiösen Hintergrund hat oder nicht, unsere *Kultur* hat diesen nun einmal. Den Menschen *so* groß sehen, dass er auf eigenen Beinen stehen kann, dass er dafür die Weisheit, die Liebe und die Kraft hätte, empfinden wir als unerlaubten Hochmut. Als Materialist muss man sich als ein unbedeutendes Pünktchen irgendwo am Rande des Alls ansehen. Als Christ muss man sich als unmündiges Kind Gottes betrachten, zu keiner Güte imstande und geneigt zu allem Bösen – oder verkörpert als Prüfung für die Würdigkeit, nach dem Tode in den Himmelssphären ein Plätzchen einzunehmen. Freiheit darf nicht sein, und sei sie auch von Moralität durchtränkt, gesättigt. Freiheit ist hochmütig und gefährlich. Man gebe sich dem Strom der Ereignisse hin, die Weisheit des Lebens ist viel größer als man selbst. Zu *dieser* Freiheit gerade, die zur Selbständigkeit führt, wird der Geistesschüler aufgerufen. Natürlich ist das keine Freiheit *von* Gott, es ist eine freie Entscheidung *für* Gott. Die Wirklichkeit trotzt allen Dogmen.

Wir haben also schließlich alle Widerstände in uns überwunden und uns auf den Weg gemacht. Wir richten uns aus der Passivität auf, indem wir bewusst und wohlüberlegt die Aufmerksamkeit auf einen selbst gewählten Denkinhalt oder auf das In-Gang-Setzen des Denkens selbst richten. Das Richten der Aufmerksamkeit ist eine wirklich aktive Tat und zugleich eine freie Tat. Nichts gab im Alltagsleben eine Veranlassung dazu. Man könnte auch weiter leben, ohne diese innerliche Aktivität zu entfalten. Niemand merkt etwas davon, dass man dies tut, während es für einen selbst eine buchstäbliche Bekehrung ist, eine Umkehr. Man richtet sich tatsächlich aus dem passiven Strom des Lebens auf, zum ersten Mal bringt man *selbst* Leben in seine Gedanken, indem man seine Aufmerksamkeit darauf richtet und sich darin aufrechterhält. Man bringt das Denken in *einem* Gedanken zur Ruhe.

Weil das Leben in Gedanken von Natur aus so schwach und flüchtig ist, entgeht einem anfänglich die Großartigkeit dieses Bemühens; mehr und mehr aber fühlt man, wie man aus einer Kraft schöpft, die man bei sich hat, die man lebenslang hätte negieren können, die man selbst *ist* und die dennoch so unendlich viel größer ist als man selbst. Man wird gewahr, wie das *innerliche Aufrichten* eine Befreiung ist und wie sehr ein *Befreier* einem den Rücken stärkt. Das Gewahrwerden dieses Befreiers ist unmittelbar das beste Heilmittel gegen den Hochmut, den Freiheit mit sich bringen könnte. Man richtet sich auf, befreit sich ... aber man weiß, dass man das allein aus sich selbst heraus niemals gekonnt hätte. Ein Bild fügt sich zu dieser Erfahrung hinzu. In der Geschichte der Menschheit hat es einen Moment gegeben, wo ein Gott, ein Mensch, die Möglichkeit zu diesem Aufrichten erweckt hat, indem er sich selbst aus dem Tod auferweckte, indem er die Fesseln, die Banden des Todes zerbrach und aus der völligen Passivität auferstanden ist. Im Kleinen, im mikrokosmischen Sinn, macht man dies in der Meditation nach – jedes Mal wieder und wieder. Und man fühlt, als eine Realität, dass man keine einzige Möglichkeit hätte, sich aus dem Strom der Ereignisse zu lösen, wenn dieses große, makrokosmische Geschehen der Auferstehung aus dem Tod nicht stattgefunden hätte. Man begeht keine Sünde, indem man die Freiheit, die innerliche Aktivität sucht – man übt die bescheidene Nachfolge Christi!

Ob man nun durch unbefangenes Erleben der Meditation oder durch einen vorausgehenden Glauben oder ein Vermuten zu dieser Erkenntnis kommt, macht für die nun zu beschreibende Meditation keinen Unterschied. Wenn man – wie auch immer – Christus als einen makrokosmischen Impuls sehen kann, der sich mit dem mikrokosmischen Menschen verbindet, dann ist das Meditieren von diesem Impuls aus eine Möglichkeit.

In meinen Romanen ist dieser Impuls immer ein Leitmotiv, und ich habe darin einige Zeilen aus einem der Mysteriendramen des Meisters des Abendlandes zitiert, um diesen Impuls anzudeuten:

> *‚Es lebte Christus einst auf Erden,*
> *und dieses Lebens Folge war,*
> *dass er in Seelenform umschwebt*
> *der Menschen Werden.*
> *Er hat sich mit der Erde Geistesteil vereint.'*

Von diesem Impuls aus können wir nun ebenfalls die drei meditativen Schritte tun.

Der erste Schritt besteht aus dem Erwachen für das eigene Denken. Unser alltägliches Verhalten ist wie folgt: Wir nehmen mit den Sinnesorganen wahr und fügen das Denken hinzu. Wahrnehmung ist gleichsam Inspiration, Denken Exspiration. Die Wahrnehmung erhält durch das Denken *Bedeutung*. Wahrnehmen und Denken sind miteinander verwoben, beide verlaufen als *Inhalt* in unserem Bewusstsein. Nun können wir aber im Weiteren unseren Blick, unser Wahrnehmen ‚auf hohem Niveau' nach innen richten, nämlich auf das Niveau des Denkens. Nicht ein Wahrnehmen des Gefühls, des Willens, sondern *des Denkens*. Man merkt, dass man dafür eigentlich schläft, man verschläft sein Denken. Man kann jedoch erwachen, und man *wird* erwachen, wenn man immer wieder und wieder versucht, seine Aufmerksamkeit auf sein intelligentes Tätigsein, auf seine Intelligenz zu richten. Nicht *was* man denkt, ist dann von Belang, sondern *wie* das Denken verläuft. Es ist das Tätigsein des Ich in einer geistigen Umgebung, die so groß wie der Kosmos ist. Zuerst war das Geistesauge blind, es ‚sah' kein Denken. Dann wird das Auge geöffnet, und es sieht sich selbst, es sieht das eigene geistige Sehen. Dafür ist eine gewisse Distanz nötig, man muss sich seiner innerlichen Aktivität *gegenüberstellen* können, und man ‚sieht' diese Aktivität dann eingebettet in eine großartige Wirkung:

> Die erste Gestalt, in der Christus an die
> Seele herantritt, *ist die des Denkens.*

Doch der Glaube an die Wirklichkeit dessen entfällt einem immer wieder. Man kann seine Standfestigkeit üben, indem man sich mit dem Aufruf Christi an die schlafenden Apostel durchdringt, dort in Gethsemane, in der Nacht vor seinem Tod: ‚Könnt ihr nicht *eine* Stunde mit mir wachen?'

Anschauen des Denkens, der Intelligenz als innerliches Tätigsein, ist Anschauen desjenigen in uns, was sich *aus dem Leibe als Geist freimachen kann.*

Der Erkenntnisprozess wird etwas sehr Reales. Natürlich kann man ihn als Prozess nur dann finden, wenn er sehr aktiv ist. Aber wenn er dann in die Anschauung tritt, wird er eine alles überstrahlende Wirklichkeit. Das Finden des Begriffs zu einer Wahrnehmung wird dann ein innerliches Suchen und Finden, es wird eine innere Kommunion.

So erfährt man seine Intelligenz immer weniger als ein Resultat der Gene oder Milieufaktoren und immer mehr als ein fruchtbares, lebendig geistiges Tätigsein, während man lernt zu sagen: ‚Nicht ich, sondern Christus denkt in mir'.

Wir geraten wie von selbst zu dem zweiten Schritt auf

diesem meditativen Weg. Das Denken muss gleichsam von der anderen Seite ergriffen werden, durch die geistige Welt, die in *Christus ist*. Christus ist der allumfassende makrokosmische Impuls, durch den unser Denken berührt werden kann. Aber dafür müssen wir dennoch erst nicht-denken können. Das Nicht-Denken muss sich hinter und *nach* der allergrößten *Denkaktivität* befinden. Man darf also nicht still werden wollen, bevor man durch und durch für den Geist erwacht ist. Still werden *vor* dem Denken lässt einen in den Leib untertauchen. Wach werden im aktiven Denken hebt einen gerade heraus. Das Denken danach zum Schweigen zu bringen, macht einen bereit, durch etwas anderes als einen selbst berührt zu werden.

Eine sehr fruchtbare Weise, das Nicht-Denken zu üben (nochmals: nachdem das Denken zur größten Aktivität gebracht worden ist), ist es, die Wahrnehmung immer aktiver werden zu lassen, ohne Gedanken. Durch die vorangehende Übung ist man in den Prozessen des Bewusstseins so klar bewusst und stark geworden, dass man die *Begriffsseite* des Wahrnehmens während der sinnlichen Wahrnehmung ausschalten kann. Das assoziative Gedankenleben war durch die Denkaktivität bereits beherrscht; nun kommt auch das Begriffsdenken so in die eigene Herrschaft, dass es in Gang gesetzt werden, aber auch schweigen kann. Die sinnliche Wahrnehmung ist dann nur noch *Bild*, in all ihren Qualitäten. Dann versucht man, Beweglichkeit in diese Wahrnehmung zu bringen, indem man in der Wärme der Farben und Töne, in den sympathischen und antipathischen Wirkungen lebt. Die Begriffe werden eingetauscht gegen Analogien, gegen ‚Symbole‘. Goethe hat in seinen Ausführungen über das ‚Sinnlich-Sittliche‘, die sinnlich-moralische Wirkung der Farben dafür ein Beispiel gegeben. Ich gebe hier als

Beispiel seine Beschreibung der Farbe Blau.

So wie Gelb immer ein Licht mit sich führt, so kann man sagen, dass Blau immer etwas Dunkles mit sich führe.

Diese Farbe macht für das Auge eine sonderbare und fast unaussprechliche Wirkung. Sie ist als Farbe eine Energie; allein sie steht auf der negativen Seite und ist in ihrer höchsten Reinheit gleichsam ein reizendes Nichts. Es ist etwas Widersprechendes von Reiz und Ruhe im Anblick.

Wie wir den hohen Himmel, die fernen Berge blau sehen, so scheint eine blaue Fläche auch vor uns zurückzuweichen.

Wie wir einen angenehmen Gegenstand, der vor uns flieht, gern verfolgen, so sehen wir das Blaue gern an, nicht weil es auf uns dringt, sondern weil es uns nach sich zieht.

Das Blaue gibt uns ein Gefühl von Kälte, so wie es uns auch an Schatten erinnert. Wie es vom Schwarzen abgeleitet sei, ist uns bekannt.

Zimmer, die rein blau austapeziert sind, erscheinen gewissermaßen weit, aber eigentlich leer und kalt.

Blaues Glas zeigt die Gegenstände im traurigen Licht.

Es ist nicht unangenehm, wenn das Blau einigermaßen vom Plus participirt. Das Meergrün ist vielmehr eine liebliche Farbe.

Beim Lesen könnte man denken, dass auch dies nur Begriff ist. Dennoch ist es kein abstrakter Begriff, es ist eine Beschreibung der *Wirkung*. Eine Beschreibung verwendet immer Begriffe. Aber wenn man versucht, die beschriebene Wirkung des Blau zu erfahren, bekommt man eine Ahnung von einer ganz anderen Qualität in der Wirkung der sinnlichen Wahrnehmung. So unterscheidet sich auch der eine *Ton* qualitativ von dem anderen und ist die eine Terz nicht die andere. Ein begabter Künstler hat dieses Vermögen, qualitativ zu erleben, von Natur aus. Der Geistesschüler entwickelt es bewusst, es geht um ein Erlebenlernen der *Qualität* der einzelnen sinnlichen Wahrnehmungen, um das *Lebenkönnen* in dieser Qualität. Dafür muss das Denken als reines Denken auferstanden sein, um dann bewusst still zu sein. Dann kann dieser schweigende Denkorganismus durch eine qualitative Mannigfaltigkeit ergriffen werden. Er lernt, in Bildern anstelle von Begriffen zu leben, während er genauso klar und rein bewusst bleibt wie bei der Lösung einer Mathematikaufgabe. *Novalis* ist hierfür ein großes Vorbild. Einerseits ein geschulter Wissenschaftler (Bergbauingenieur), verstand er andererseits ganz besonders die Kunst des ‚Romantisierens‘, das heißt, das innerliche Aktivwerden im Erleben der *Qualitäten*. Es ist Hingabe an die Welt, an die Wahrnehmung. Die Wahrnehmung beginnt, in Bildern zu sprechen, und man findet sich selbst liebend inmitten dieser lebendigen Bilder. Was im gewöhnlichen Leben eine Welt von Chaos und hässlicher Ordnung ist, von Flachbauten und sechsspurigen Autobahnen, wird eine märchenhafte Berglandschaft ... das Land von Shamballa. Die ätherischen Qualitäten der Sinnesorgane beginnen zu sprechen, die Ätherwelt, die Welt des *Lebens* beginnt zu sprechen.

104

Man muss lernen, im Nachklingen der Wahrnehmung zu leben, in der *Antwort*, die aus dem eigenen ätherischen Organismus heraufklingt – der Antwort auf die ätherische Wahrnehmung, auf die Wahrnehmung der Weisheit in der makrokosmischen Ätherwelt. Das Licht, das durch den Raum webt, ist nicht jene tote Wellenmaterie, als die es die Physik ansieht. Es ist ein beseeltes Wesen, und diese Beseelung kann in jedem strebenden Menschen eine wirkliche Erfahrung werden. Das ist etwas anderes, als abstrakt über den Geist in der Materie zu sprechen. So etwas kann alles gedacht und gesagt werden, ohne die konkrete Erfahrung zu haben. Die Erfahrung ist allein durch Übung zu erreichen, sie kommt nicht von selbst. Aber wenn im Nachklingen der sinnlichen Wahrnehmung – bei vollkommen schweigendem Begriffsdenken –, Antwort zu kommen beginnt, dann kann man auch die Worte von Novalis ertragen, die so reich und voller Zierde sind:

> *‚An einem Sommermorgen ward ich jung;*
> *Da fühlt' ich meines eignen Lebens Puls*
> *Zum erstenmal – und wie die Liebe sich*
> *In tiefere Entzückungen verlor,*
> *Erwacht' ich immer mehr, und das Verlangen*
> *Nach innigerer, gänzlicher Vermischung*
> *Ward dringender mit jedem Augenblick.*
> *Wollust ist meines Daseyns Zeugungskraft.*
> *(...)*
> *Eins in allem und alles im Einen*
> *Gottes Bild auf Kräutern und Steinen*
> *Gottes Geist in Menschen und Thieren,*
> *Dies muss man sich zu Gemüthe führen.*
> *Keine Ordnung mehr nach Raum und Zeit*
> *Hier Zukunft in der Vergangenheit.'* [X]

Unsere Zeit will Schlichtheit in Wort und Bild. Diese kann nicht bleiben, wenn die ätherische Antwort auf die reine Wahrnehmung eine Erfahrung wird. Die Welt wird Traum, der Traum wird Welt. Das Leben wird Poesie, wird Dichtung.

> *‚Das Chaos muss in jeder Dichtung*
> *durch den regelmäßigen Flor*
> *der Ordnung schimmern.'* XI

Aber die Erfahrung kann nicht umfangreich genug sein. Der Weg zu einer Erweiterung des Erkenntnisvermögens beruht auf einem fortwährenden Reicherwerden der Lebenserfahrung. Wer Ruhe sucht, ist bei diesem Entwicklungsweg nicht an der richtigen Stelle. Zwar wird Friede gefunden, aber dieser Friede liegt in einem Willen zur unaufhörlichen Weiterentwicklung, in einem künstlerischen Forschergeist. Der Marienkäfer auf den Gehwegplatten, dieser eine strahlende Tag inmitten einer Reihe trüber Wintertage – für die Kleinigkeiten kann man erwachen: Wach werden aus seiner Selbstbezogenheit und dann noch einmal wach werden aus seinem Begriffsdenken. Es sind Auferstehungskräfte, die in einem zu keimen beginnen. *Richard Wagner* erwachte an einem Karfreitag und erlebte die Keimkraft in der Frühlingsnatur. Diese ‚Karfreitagsstimmung' inspirierte ihn zu der Oper ‚*Parzival*'.

Die Poesie von Novalis und der Parzival von Wagner sind in sinnlich wahrnehmbarer Form (Wort und Ton) Beispiele für dieses Aufklingen der Auferstehungskräfte im eigenen Ätherorganismus – und sie helfen so natürlich auch, eine Vorstellung davon zu bekommen, was das eigentlich ist. Es ist keine asketische Schlichtheit (das ist die andere Karfreitagsstimmung, die von dem Tod am Kreuz), sondern ein anmutiger Reichtum, dessen Schönheit auf dem Ausgleich absoluter Gegensätze beruht.

‚Das Chaos muss in jeder Dichtung durch den regelmäßigen Flor der Ordnung schimmern.'

Die Phantasiekräfte haben Verwandtschaft mit diesen Auferstehungskräften, insoweit sie sich in einem ‚regelmäßigen Flor der Ordnung' äußern können. In Novalis herrschten diese Kräfte so vollkommen, dass seine Persönlichkeiten *gut* sind, auch wenn er Figuren aus der Geschichte verwendete, die das gewiss nicht waren. So ist *Klingsor* bei ihm ein weiser Lehrer der Dichtkunst, der an einen Dichter folgende Forderung stellt: ein reines, offenes Gemüt, Geschmeidigkeit im Nachdenken und Betrachten, sowie Gewandtheit, um all seine Fähigkeiten in eine wechselseitig lebendig machende Aktivität umzusetzen und in dieser zu erhalten.

Es ist die alles beherrschende Kraft, die die Auferstehung Christi in einem Menschen wecken kann: Ausschließlich Fühlung mit dem Guten, dem Wahrhaftigen, der Kraft des Anderen suchen und vollkommen von dessen schlechten Eigenschaften absehen.

Jeder weiß wohl, dass das negative Kritisieren eines anderen Menschen mit einem gewissen Lusterlebnis einhergeht. Den Anderen hinabzudrücken, hebt einen selbst auf einen Sockel. Diese Lust vergeht uns im Laufe der Entwicklung völlig, sie macht Platz für ein kräftiges Wohlbehagen an dem Guten des Anderen. Es gibt keinen Menschen, der nicht Gutes besäße, und es gibt keinen Menschen, der nicht innig danach verlangte, darin erkannt zu werden. In eben diesem Guten lebt in jedem Menschen der Christusimpuls, ob er selbst das nun glaubt oder nicht.

Natürlich ist damit nicht aller Konflikt aufgehoben, man ändert den Anderen nicht, indem man sich selbst ändert. Der eigenen Liebe für das Positive im Anderen wird nicht immer geglaubt, vertraut. Daneben geht man das Risiko ein, dass es einmal vorkommt, dass das eigene Vertrauen beschämt wird, dass man sich lächerlich macht oder dass das Vertrauen missbraucht wird. Aber das geschieht einem früher oder später ohnehin einmal. Das Leben kann nicht vollkommen sein, nur das *Streben* kann dies sein. Ein kleines Kind stellt auch keine Überlegungen an, bevor es sein Vertrauen schenkt. Es schenkt es restlos *dem, was ihm vertraut ist*.

Als Schüler von Christus wird man durch und durch mit Wahrheit, mit Güte, mit Schönheit vertraut, und man schenkt wie ein Kind sein Vertrauen diesen Qualitäten im Anderen – und sie *sind* da, in jedem Menschen.

Es geht nicht darum, dass man die Hässlichkeit, die Lügenhaftigkeit und die Schlechtigkeit eines Menschen nicht sehen wollen würde. Man sieht diese durchaus, man sieht sie besser als zuvor, denn man nimmt nun objektiv rein wahr. Es geht um den *Wert*, den man dem beimisst.

Beide Schritte zusammen – das vollkommene Ergründen der Freiheit durch ein Anschauen des Denkens und die Hingabe an die *Qualitäten* des Lebens in den Sinnesorganen – durchdringen das Menschsein mit Freiheit und Liebe. Es ist kein schneller Weg zur Hellsichtigkeit, viel Ehre ist damit nicht zu gewinnen, und ‚die Welt wird euch hassen'. Sobald man in die Nachfolge Christi eintritt und seinen Schutz erhält, entscheidet man sich für die Vertiefung der eigenen Seele. Das eigene Denken, Fühlen und Wollen können sich unendlich vertiefen, an qualitativer Intensität und Harmonie gewinnen, sie werden in einem wie selbständige Wesen, die sich selbstbewusst miteinander in Harmonie halten müssen. Erst nach einem langen, langen Weg kann man die Erweiterung des Erkenntnisvermögens erwarten – die auf anderen Wegen viel schneller zu erreichen ist, aber dann nicht mit der Eigenheit, mit der eigenen Individualität verbunden ist. Man kann sich von höheren Wesen durchströmen lassen – ohne diesen mühsamen Weg zur Freiheit und Liebe, zur qualitativen Vertiefung, zur *individuellen moralischen* Entwicklung zu gehen. Der meditative Weg, der hier beschrieben wurde (in seinen drei Formen, die dennoch – wie verschieden auch – alle dieselbe sind), führt nie zu dieser schnellen Einweihung. Die Einweihung wird aufgebaut auf dem festen Fundament von Freiheit und Liebe, wobei Freiheit bedeutet: vollkommen bewusst *wissen*, was man will, und diesen Willen *nie* etwas zur Verfügung stellen, was nicht eingesehen werden kann; wobei Liebe bedeutet: vollkommen unbefangene, aber forschende Hingabe an die Bilderwelt der Sinnesorgane. Liebe ist vollkommenes Vergehen der Vergangenheit, Freiheit von der Vergangenheit, von den Gedanken – eine Hingabe, zu der man nicht getrieben wird. Freiheit ist ein ungezwungenes Handeln, durch nichts und niemanden vorherbestimmt.

Diese Bilderwelt erfüllt uns dann wie von selbst mit Moralität. Wir finden den Sinn des Spruches ‚Die Weisheit lebt im Lichte' in unendlicher Vertiefung wieder. In dem mit naturwissenschaftlichen Begriffen durchdrungenen Kosmos finden wir keine Weisheit, sondern Verstand, keine Schönheit, sondern Schema. In der lichtvollen Bilderwelt, die wir in der liebevollen Hingabe finden, tritt uns Sophia entgegen, die göttliche Weisheit, die in einem farbenreichen Bild zu uns kommt und mit ihrem Licht den Christusimpuls in uns erleuchtet. Auch ohne Sophia ist der Christusimpuls bei uns, bei jedem Menschen. Aber nur Sophia kann diesen Impuls in das farbenreiche Licht des geistigen Schauens bringen. Durch den unerkannten Christusimpuls finden wir Sophia, und sie lässt uns in unserem Menschsein uns des Christus bewusst werden. Sophia im Anthropos – Anthroposophia – es scheint die einzig richtige Bezeichnung für diesen Weg zu sein. Der Meister des Abendlandes wählte das Wort für diese lebendige Beweglichkeit des *Prozesses*, des Findens von Sophia-Christus. Wir können das Wort und das Wesen nicht in einer dogmatisch-systematischen Weisheit in Ketten legen. In einer solchen kann Sophia nur paralysiert und entkräftet werden, weil sie nicht gewollt wird. Anthroposophia ist keine Lehre, keine Religion, keine Weltanschauung. Sie ist ein *Wesen*. Wer den hier beschriebenen meditativen Weg geht, findet sie, und durch sie Ihn... Sophia-Christus, *Mutter eines Königs*.

> *,Ich sehe dich in tausend Bildern,*
> *Maria, lieblich ausgedrückt,*
> *Doch keins von allen kann dich schildern,*
> *wie meine Seele dich erblickt.*
>
> *Ich weiß nur, dass der Welt Getümmel*
> *Seitdem mir wie ein Traum verweht,*
> *Und ein unnennbar süßer Himmel*
> *Mir ewig im Gemüthe steht.'*

Novalis, Geistliche Lieder.[XI]

Metamorphose des Fühlens

Während der meditativen Entwicklung wird das *Fühlen* immer mehr ein Wahrnehmungs-, ein Erkenntnisorgan. Die Schärfe im Unterscheiden der Erkenntnisprozesse und die immer stärker werdende Möglichkeit, *Qualitäten* gewahr zu werden, indem man *diese Prozesse erlebt*, machen das Gefühlsleben zu einem Vermögen, objektiv qualitativ zu werten. Was zuerst noch subjektive Antipathie und Sympathie war, wird immer mehr objektives, stark vertieftes Erleben. Was ich zuvor die ‚Antwort des eigenen ätherischen Organismus auf die Wahrnehmung mit den Sinnesorganen' nannte, wird stärker und wird *selbst* zur Wahrnehmung. Man *weiß*, dass diese Wahrnehmungen – auch wenn sie am eigenen Gefühlsleben erlangt werden – ebenso objektiv sind wie die sinnlichen Wahrnehmungen. Das Unterscheidungsvermögen in Bezug auf die eigene innerliche Aktivität ist so geschärft, dass man absolut sicher weiß, wann man selbst urteilt und wann das Urteil objektiv in einem spricht. Dieses letztere Urteil spricht dann nicht mehr abstrakt in Worten oder Bildern, es wird eine Gefühls*kraft*, die einen ganz durchzieht.

Man ist *ein Neugeborener*: Die Gefühlswahrnehmungen sind einem in ihrer Bedeutung vorläufig noch fremd, man wird sie lange hegen müssen, sie nicht mehr bezweifeln, nicht mit dem Verstand paralysieren dürfen, bevor sie wirklich einen *Wert* als Erkenntnismethode bekommen. Der Mensch steht als geistiges Wesen nun einmal nicht allein. Er genießt Schutz, wird aber auch intensiv angegriffen. Je stärker der Wille zur Entwicklung ist, desto stärker wird der Kampf, den er jenen Mächten zu liefern hat, die der rechtmäßigen Entwicklung entgegenwirken. Kennzeichen dieser Mächte ist es, dass sie auf dem unbewussten Gebiet wirken. Sie haben ihren Angriffspunkt im Verstand, insoweit dieser automatisch wirkt und nicht wach ist, im Gefühl, wo sie durch den Traumzustand, in dem das Fühlen sich bewegt, schon viel mehr freies Spiel haben, und im Willensleben, wo wir sie nur mit der Moralität bekämpfen können, weil wir im Willensleben von Natur aus völlig schlafen.

Im Fühlen wirken sie vor allem durch das Verstärken der Subjektivität und durch das Erwecken eines Unglaubens an die Möglichkeit eines *objektiven* Fühlens.

Auf dem meditativen Entwicklungsweg, wie er hier beschrieben ist, befreien wir uns allmählich von diesen unbewusst wirkenden Mächten, indem wir sie erkennen, wiedererkennen und ihnen gestatten, ihre Qualitäten innerhalb der *rechtmäßigen* Entwicklung zu entfalten. So muss man lernen, keine Angst vor Gefühlen (positiv oder negativ) zu haben – auch wenn sie vielleicht noch subjektiv sind. Das Gefühlsleben verleiht dem Dasein den Wert, und man kann darauf vertrauen, dass das konsequente Verfolgen der innerlichen Übung einen für den Unterschied von subjektiv und objektiv aufwachen lassen wird. Dem steht gegenüber, dass ein vernünftiger *Zweifel*, ein Wille, sich selbst jedes Mal wieder zu überprüfen und zu prüfen, ob die eigenen Wahrnehmungen wirklich objektiv sind, unbedingt notwendig ist. Sicherheit erwirbt man nur über den Zweifel; objektives Fühlen nur über den *Mut* zur Subjektivität.

Es geht immer wieder um die Erweiterung des Bewusstseins. Erstreckte sich dieses von Natur aus nur auf die Sinneswahrnehmung und das klare Denken, so breitet es sich nun immer mehr auch über Fühlen und Wollen aus. Mit dieser Erweiterung entsteht Einsicht – und Einsicht ist unüberwindlich.

Dies alles gilt auch für die reine innerliche Wahrnehmung, für das, was man im Meditieren selbst gewahr wird, wenn die Sinne schweigen und allein innerliche Aktivität da ist. Auch dann umgeben hemmende Mächte die Seele, sowohl gute als auch böse. Die guten verweigern uns den Zugang zu höherer Erkenntnis, solange wir nicht vollkommen frei von *aller* Subjektivität geworden sind. Die bösen Mächte trachten danach, uns für *ihr* Reich zu gewinnen. Inmitten dieses Streites, der ein Streit um *den Menschen*, um das Menschsein ist, steht die sich entwickelnde Seele. Mut, Enthusiasmus und innerliche Aktivität sind ihre – unüberwindlichen – Waffen.

Metamorphose des Denkens

Der Tod ist eine Zukunft, die auf alle Menschen wartet, es gibt kein Mittel, dem zu entkommen. Er steht dort in der Ferne als das unerbittliche Ende. Manchmal kommt er sehr nahe und lässt uns ihn fühlen, indem er einen Geliebten fortnimmt. Dann steht man da, an der Bahre des Körpers, der einem so teuer war. Er ist kalt und verlassen, bewegungslos. Er ist *mehr* als bewegungslos, es ist, als ob das Wesen, das den Leib zuerst durchstrahlte, ihn nun, indem es ihn verlassen hat, nach innen saugt, ihn schrumpfen lässt. Gerade durch diese *Abwesenheit* in dem Körper, der da liegt, ist der Tod so beängstigend. Da liegt ein Rest, der bis in die allerkleinsten Details Erinnerung an das geliebte Wesen ist, das diesen Körper trug. Der tote Körper ist nicht ohne *Prozesse*, es geschieht noch immer etwas, er ist nicht so unbeweglich wie ein Stein. Aber die Prozesse, die sich abspielen, sind Prozesse von Zerfall, ausschließlich Zerfall.

Durch die Metamorphose des Denkens, die während der meditativen Entwicklung zustande kommt, entsteht ein reales Erleben von der Natur des gewöhnlichen Denkens, von der Gedankenwelt, wie wir sie von Natur aus haben. Es ist kein Gleichnis, das sich uns zeigt, sondern eine konkrete Wahrnehmung: Das Denken, wie es passiv abläuft, ist ein entseelter Körper, es ist ein *Leichnam*. Es ist in Verfall, in Auflösung, und auf diesem auflösenden Strom vollzieht sich das Entfalten von Gedanken. Von Freiheit kann keine Rede sein, es ist ein *notwendig* ablaufender Prozess, eine ,*Analyse*', ein *Auseinanderfallen* des toten Denkkörpers in seine Einzelteile, die Gedanken.

In ,*Suche das Licht...*' habe ich den Weg beschrieben,

durch den dieser tote Denkleib zum Leben erweckt wird: Er kann wirklich auferstehen, indem der *Wille* sich mit ihm verbindet. Der *Denker*, der Wille verbindet sich mit dem Gedanken, von einer passiv ablaufenden Analyse kommt man zu einer aktiv geleiteten *Synthese*. Man erwacht im eigenen Denken *mit* sich selbst als Denker.

Das Erschütternde dieser Erfahrung ist, dass man etwas vollzieht, was nicht von dieser Welt ist. Man betritt ein Reich, das wirklich nicht von dieser Welt ist. Hier, in einem lebenden Körper, braucht sich eine solche Auferweckung nicht zu vollziehen, man kann auch sehr gut ohne diese Auferstehung alt werden. Aber jetzt steht man im Geiste auf, man erhebt sich bis außerhalb des Kosmos, man *richtet sich auf bis zu den fernsten Sternen und darüber hinaus.* Man beginnt wirklich ein ‚außerirdisches' Leben, ja sogar ein außerplanetarisches Dasein. Natürlich kommt man immer wieder zurück und gibt sich wieder dem irdischen Gang des Daseins hin. Niemand wird einem ansehen, was man innerlich vollzieht, außer dass eine zunehmende Sicherheit, Vernunft und vielleicht auch Liebe bemerkt werden wird. Um die letzte Qualität zu beurteilen, werden jedoch oft verkehrte Maßstäbe angelegt. Man wird merken, dass man die erworbene Freiheit sehr nötig hat, um seine moralischen Impulse mit Sicherheit und Liebe durchzusetzen. Die Welt um einen herum neigt zu Urteil und Spott – darum braucht man noch eine zusätzliche Qualität: *Selbstironie, Humor.* Man darf vor allem seinen Wert nicht zu wichtig nehmen. Auch im Spott sollte man dem Leben besser zuvorkommen. Je stärker man seine Schwächen vor Augen hat, darüber lachen kann, desto weniger hat die Welt einen im Griff.

Das Streben nach dem Geiste ist eine ernste Sache, aber die eigene Unvollkommenheit ist lächerlich...

Ein *zweites Erleben* durch die Metamorphose des Denkens ist, dass das Vermögen erwacht, noch *vor* dem Gedanken im Denken verweilen zu können.

Im Gedankenleben sind wir uns des fertigen Gedankens bewusst, nicht seines Entstehens. Durch die meditative Übung tritt hier eine Veränderung ein. Man kann gleichsam *vor* dem Sterben des lebendigen Denkens in die toten Gedankenbilder bleiben. Man *verliert* damit – natürlich nur während der Übung – das Denken, das man gewohnt ist, das einem bekannt ist und das in jedem Bild, jedem Gedanken die Bedeutung klar ausspricht. Man *gewinnt* eine neue Welt, ein neues Leben, einen neuen Menschen in sich selbst. Dies ist einem zunächst fremd, und es kann lange, sehr lange dauern, bis man sich daran gewöhnt und es etwas Vertrautes wird. Am Anfang ist man ganz damit verwoben, es ist die eigene innerliche Aktivität, die sich einem als eine Realität zu zeigen beginnt, der man sich jedoch nicht *gegenüberstellen* kann. Es ist viel Mut, wirklicher Mut nötig, um weiterzugehen und zu entdecken, dass man immer mehr und mehr außerhalb des neuen Menschen ‚stehen‘ kann, dass dies das Gewahrwerden eines *Zum-Prozess-Werden* des physischen Leibes ist, der im gewöhnlichen Erleben kein Prozess, sondern ein statisches Gegebenes ist. Das statische Element fällt von einem ab, und man muss sich daran gewöhnen und es ertragen können, dass die eigene Existenz sich in einer fortwährenden *kräftigen Beweglichkeit* befindet, die einem lange Zeit nichts anderes zu sagen hat als nur diese Beweglichkeit.

Erst wenn *Licht* auf diese Beweglichkeit zu fallen beginnt, kommt eine Erleuchtung zustande. Das Licht kann *gesucht* werden, es lebt im Denkprozess, aber vor allem im Gebiet der Stirn, dort, wo sich die Augen befinden. Wenn die

119

Augen, die zu dem statisch Gegebenen des physischen Leibes gehören, in den lebendigen Prozess aufgenommen werden, wird es Licht...

Das Licht, das man dann gewahr zu werden beginnt, ist von einem nicht getrennt wie das Licht der Sonne, es ist die geistige Seite des Sonnenlichtes, aber eins mit der eigenen Aktivität, die der physische Leib verrinnen ließ. Die Weisheit lebt wirklich im Licht. Im gewöhnlichen Leben ist auch der Körper ein toter Gedanke, eine Abstraktion. Sein *Leben* entgeht uns vollkommen. Nun tritt dieses Leben durch den Tod hindurch in das volle Licht, es tritt in den Vordergrund, aber das Licht hält es im Zaum, im Gleichgewicht. Mit dem *Wort* ‚Leben' hat man über das Leben noch nichts gesagt. Man bedenke einmal, wie wenig man von ‚Leben' weiß, man weiß eigentlich nichts. Was ist Leben? Bei so einer Frage verfällt die Wissenschaft in Schweigen, man kann diese Frage mit Hilfe von Beschreibungen nur umschiffen, eine konkrete Antwort hat man nicht. Nun, in dieser Phase der Meditation, während der Metamorphose des toten in das lebendige Denken, tritt das Leben in die Anschauung, nicht mehr als Abstraktion, als Überlegung, als Gedanke – sondern als *Realität*. Die Realität des Lebens tritt ins Licht. Und das Licht ist nicht mehr der abstrakte Schein des toten Denkens, sondern das Licht der Ewigkeit.

Im Lichte der Ewigkeit wird ein ewiges Leben sichtbar.

Metamorphose des Willens

Die Bedeutung des Wortes ‚Wille' wird während der meditativen Entwicklung eine andere. Der Wunsch-Charakter des Willens – zum Ausdruck kommend im ‚ich will' oder ‚ich will nicht' – löst sich vom Willen. Der Wille wird reine Aktivität, Tätigkeit. Diese Aktivität entfaltet sich während des Meditierens im Denken. Während des Handelns liegt die Aktivität in dem komplizierten Prozess der Bewegung des Körpers verborgen. Die erste Umwandlung des Willens – das Hineinbringen von Willen, von Aktivität in das Denken – habe ich zuvor bei der Metamorphose des Denkens beschrieben.

Nun kommt es auf die Metamorphose des Willens in den Bewegungen, in den Handlungen, aber auch in der Meditation an.

Im gewöhnlichen Leben werden die Handlungen nur von außen angeschaut. Man hat keine Möglichkeit, mit seinen Motiven, die im Denken bewusst sind, ebenso bewusst bis in die Muskeln, bis in den physischen Prozess der Bewegung vorzudringen. Wohl kann man das Resultat dieses Prozesses von außen betrachten, und man kann ein vages Gefühl von innen haben, das das Bewegen an sich andeutet. Wille ist Bewegung, immer. Wille im Körper bringt diesen in all seinen Gliedern in Bewegung: Herz, Blutkreislauf, Atmung, Gliedmaßen.

Wir verfolgen nun zwei Formen der Metamorphose des Willens. Zuerst werde ich beschreiben, wie sich der Wille im Physischen verändert; zweitens, wie sich die Veränderung im meditativen Willen vollzieht.

Wenn man sich körperlich bewegt – bei seiner Arbeit, im Haushalt, beim Sport usw. –, ist man mit seinen

Gedanken und dem Gefühl meistens nur halb oder überhaupt nicht dabei. Das Denken verläuft in allerlei Assoziationen, das Handeln halb automatisch. Je stärker die Routine, desto freier die Assoziationen. Schließlich kann diese Zusammenhangslosigkeit von Denken und Wollen zu einer totalen Demenz führen. Man weiß nicht mehr, was man getan hat, weil man mit dem Denken nicht dabei war, als man es tat. ‚Wo habe ich es denn nur hingelegt? Wann habe ich diese Verabredung? Wie heißt dieser Mann noch gleich?‘

Durch die Verstärkung des Denkens mit Hilfe des Willens – also in der Meditation – bringen wir die beiden auseinander treibenden Kräfte mit Absicht zusammen. Dies hat nicht nur während der Meditation eine Wirkung, sondern auch darüber hinaus. Es entsteht ein Bedürfnis, mit dem Denken *dabei zu bleiben*, beim Denken selbst, beim Zuhören, Sprechen und Handeln. Man beginnt zu merken, wann man ‚auseinanderfällt‘, und man holt sich selbst bewusst zurück. Dadurch wird das praktische Leben unendlich viel reicher, man wird aufmerksamer, aber auch geschickter. Dennoch kommt man an eine Grenze: Man merkt, wie die eigene Aufmerksamkeit auch störend auf Handlungen wirken kann, die von selbst geschehen müssen. Man stelle sich vor, dass man eine Klaviersonate einstudiert hat: Die Handlungen *müssen* zu gewohnten werden, bevor man ihnen künstlerische Form geben kann. Wäre die Aufmerksamkeit zu stark dabei, so würde man straucheln, Fehler machen, schließlich nicht mehr spielen können. Man würde mit verstandesmäßiger Aufmerksamkeit seine Fingerbewegungen lähmen... So darf es also nicht sein. Es darf *nicht das Verstandesdenken* sein, das den Willen begleitet, es wird allmählich das ‚denkende Denken‘ werden, das Ruhe in die Aktivität bringt. Man lässt sich *mit dem Bewusstsein auf den Willen nieder* und taucht darin unter, wie eine Möwe auf den wilden Wogen des Meeres. Man analysiert nicht, man ist nur da. In der allergrößten äußerlichen Aktivität, sogar in der Eile, lernt man, mit der Seele nicht auf der Hast mitzutreiben – oder sich in Routine ganz von seinem Handeln zu distanzieren –, sondern ruhig und andächtig Zuschauer *in* der Aktivität zu sein. Der Wille wird blühende Aktivität, das Denken sinkt ruhig darin unter und schaut an. Man lernt sich selbst von neuem kennen – als handelnder Mensch. Der handelnde Mensch offenbart sich auf eine Weise, die auf keine andere Art zu erreichen ist: Es ist das Anschauen des Willens von *innen*.

Aber der Wille äußert sich auch tief im Leiblichen, tief im Unbewussten. Im Meditieren haben wir Willen in das Denken gebracht. Nun lernen wir allmählich, während der Meditation mit *diesem* Denken die denkenden Willensprozesse zu durchdringen. Diese denkenden Willensprozesse äußern sich in der sinnlichen Aktivität, und wie zuvor beschrieben lernen wir, in Denkleere die Sinneswahrnehmung nach innen zu nehmen.
Eine ähnliche Aktivität kann man nun auch während der Meditation entfalten. Im Denken über das Denken, wie ich es in ‚*Suche das Licht...*' gezeigt habe, kann man einen Begriff von einem Sinn bekommen, der im gewöhnlichen Leben nicht wirklich als Sinn betrachtet wird, es aber dennoch ist: das Wahrnehmungsvermögen für Begriffe, der *Begriffssinn*. Wenn man das denkende Denken anhand des Begriffs des Kreises übt, übt man das Bewusstwerden des Begriffs-Sinnes. Man könnte nicht begreifen, wenn man diesen Sinn nicht hätte, aber man erfasst nicht, dass man ihn hat, weil er nicht tastbar oder

sichtbar ist. Nun wird er es.

So lebt man im denkenden Denken im Begriffssinn.

Man kann sodann tiefer in den Sinnesorganismus vordringen, indem man sich bewusst ist, dass man einen Sinn für Klänge (in der Sprache) hat. Mit diesem Sinn hört man nicht, man braucht natürlich das Gehör, aber man *unterscheidet* Klänge. Man kann ein Begriff dieses Sinnes gewinnen, indem man sich im Meditieren nicht auf die Bedeutung eines Satzes richtet, sondern auf den Klang. Das ist der *Laut-Sinn.*

Noch tiefer dringt man in den Sinnesorganismus ein, wenn man sich auf den *Gehörsinn* richtet. Damit *hört* man wirklich, man hört Töne. In der Musik ist das Hervorbringen von Tönen kultiviert, doch alle Dinge haben einen Grundton. In der Meditation kann man mit dem verstärkten Denken zum ,Hören an sich' vordringen. Man lauscht dann nicht auf das, was in der Umgebung zu hören ist – davor hat man sich gerade verschlossen –, sondern man dringt denkend vor in das Ohr, das Ton ist. Die Kraft, die erforderlich ist, um die denkende Konzentration bei diesem meditierenden Durchdringen des Leibes aufrecht zu erhalten, nimmt immer mehr zu. Die Kraft, die man entfaltet, um den Begriffssinn mit Bewusstsein zu durchdringen, reicht nicht, um den folgenden Schritt zu machen. Während des Übens entwickelt man die erforderliche Kraft.

Immer tiefer vordringend erreicht man dann den *Wärmesinn.* Man beginnt, den Ätherleib zu berühren, die ätherische Seite des Sinnesorganismus.

Von der Wärme kommt man in das Licht, in jenes Sinnesorgan, das am Licht für das Licht geschaffen ist: *das Auge.* Denkend löst das Auge sich in Licht auf, webendes Licht innerhalb und außerhalb.

Mit noch größerer Konzentration kann man dann meditierend im *Geschmack* und sodann im *Geruch* leben. Es geht nicht mehr um das Wie und Warum der Sinnesorgane, man erlebt ausschließlich sein Vermögen, spezifische sinnliche Qualitäten wahrzunehmen.

Hat man einmal den Geschmacks- und Geruchssinn durchdrungen, kann man forschend, konzentriert, meditativ schauend in das tiefe Willensgebiet des physischen Leibes vordringen, in das Gebiet der untersten Sinne.

Man erreicht den *Gleichgewichtssinn*, womit man sein physisches Gleichgewicht wahrnimmt, die Orientierung im Raum.

Man findet das Sinnesorgan, womit man die Bewegungen seines Körpers wahrnimmt – den *Bewegungssinn*. Schließlich durchdringt man den tiefsten physischen Sinn: das Sinnesorgan, womit man seine physische Konstitution gewahr wird, den *Lebenssinn*. Mit diesem Sinnesorgan nimmt man Ermüdung, Energie, Schmerz und dergleichen wahr.

Nach der hier gegebenen Beschreibung könnte der Leser denken, ich würde nur Begriffe beschreiben. Man kann die Sinnesorgane auch als Begriff beschreiben, dann bekommt man eine Anatomie und Physiologie. Das ist hier natürlich absolut nicht gemeint. Es geht um ein wirklich denkend meditatives, intensives und energisches *Erleben* der *wirklichen* Sinnesorgane. Man kann das Auge fühlen lernen und erfahren, wie es sich in Licht auflöst, woraus es ja geformt, ‚geronnen' ist. Was zuerst persönlicher Willenseinsatz beim Meditieren war, ist ein Erleben dessen geworden, was man ‚Welten-Willen' nennen könnte, ein Kraft-Erleben, das aus sich selbst heraus mit allem Seienden zusammenströmt und wieder zurück zu sich selbst. Im wollend-denkenden *Fühlen* der Sinnesorgane, der wirklichen physischen Sinnesorgane, die sich in der Meditation zu einem Prozess auflösen, rührt die Willens-Kraft an die Weltenweisheit, an die Weltgedanken, wie sie in den Sinnesorganen Form angenommen haben.

Zur *Begriffsseite* hin wird die Sinneswahrnehmung durch die *Ich-und-Du*-Erfahrung vollendet, die Wahrnehmung des ‚Ich' des Anderen als selbstständige Individualität, mit der das eigene Ich dennoch eins sein kann.

Nach der *physischen* Seite hin wird die Wahrnehmung durch den *Tastsinn* abgeschlossen, wodurch die Eigenheit gerade in der Absonderung erlebt wird. Alles Berührbare ist Außenwelt, es schließt sich von einem ab, es betont die eigene Einsamkeit, aber auch die Eigenheit.

Hier, im erkennenden Durchdringen der Realität der Sinnesorgane, liegt der Anfang einer neuen Heilkunde, die auf einer von innen zu erwerbenden Wissenschaft des Leibes basiert. Es reicht nicht, an Geist in der Natur zu *glauben*. Es ist notwendig, den eigenen Geist zu erkennen, diesen durch und durch zu begreifen und dann schauend, erkennend, die *eigene* Natur – den Körper – zu erforschen. Zur Illustration füge ich ein Zitat aus einem Aufsatz der Zeitschrift ‚*Natura*' (Juli 1926) an, verfasst von der Ärztin *Ita Wegman*, einer der engsten Schülerinnen des Meisters des Abendlandes.

‚Die Göttin Natura erschien noch überlebensgroß dem zu Initiierenden. Und es wird uns von Rudolf Steiner erzählt, wie Brunetto Latini, der Lehrer Dantes, eine für sein Zeitalter typische Initiation durchmacht, zu welcher der Initiator das Geistwesen Natura war. Brunettos Erleben nahm seinen Ausgangspunkt von einer großen Seelenerschütterung. Auf der Heimfahrt von einer Gesandtschaftreise nach Castilien erfuhr er, als er seine Vaterstadt Florenz betreten wollte, daß die Welfen, zu denen er gehörte, besiegt worden waren. Er floh in einen Wald; dort sich verirrend, kam er in einen eigenartigen Seelenzustand, wodurch er nicht mehr im Walde sich fühlte, sondern in eine andere, ihm fremde Gegend versetzt, wo er die Imagination der Göttin Natura hatte und die Worte von ihr sprechen hörte, daß er untertauchen sollte in seine eigene Wesenheit, ganz in sich hineingehen sollte. Aus seiner eigenen Beschreibung hören wir von seinen, in seiner Imagination gehabten Erlebnissen, wie er zuerst kennen lernte die eigenen Seelenkräfte, die im Denken, Fühlen und Wollen zum Ausdrucke kommen. Diese Seelenkräfte liegen sonst tief im Unterbewußten und kommen erst herauf, wenn man sich in einen Bewußtseinszustand versetzt, der anders ist als das gewöhnliche Tagesbewußtsein. Und tiefer noch im Unterbewußten liegen in uns die Temperamente, das cholerische, melancholische, sanguinische und phlegmatische Temperament, mit denen wir eng zusammenhängen. Um zum Erleben dieser Temperamente zu kommen, muß man noch tiefer untertauchen in seine eigene Wesenheit, und dann, wenn man durch die Temperamente hindurchgegangen ist, kommt man in die noch tiefer liegenden Regionen seines eigenen Selbstes, man kommt in die Region der Sinne, man erlebt sein eigenes Auge, sein eigenes Ohr, man erlebt sie von innen, wenn man tief genug heruntersteigt, man erlebt die Kräfte, die im Auge, im Ohr sich befinden, wodurch das Sehen, das Hören zustandekommt. Eine ganz andere Welt, als die physische Welt ist, wird offenbar; das Auge, in das man sich versenkt hat, empfindet man als Himmelsraum, die Nervenendungen darin als Sterne und die Pupille als Mond.

Aus den Sinnenerlebnissen kommt man in die Region der vier Elemente. Dann fühlt man sich drinnenstehend im Erdigen. Wässerigen, Luftförmigen und Wärmeartigen und erlebt dann die verschiedenartigen geistigen Wesenheiten und Naturgeister in den Elementen. Man erlebt in dem Erdigen und Wässerigen die Elementar- oder Naturgeister, und in dem Luft- und Wärmeartigen die Wesenheiten der Hierarchien, die über den Menschen stehen. Nun ist man aus sich heraus, kommt in die Region der Planeten, verbindet sich mit dem Schöpferischen im Weltall und fühlt sich wie in einem Ozean von Geistigkeit. Kommt nun ein solcher Mensch wieder zurück in sein gewöhnliches Tagesbewußtsein, weiß er sich als Erdenmensch zu erinnern an das Erlebte, so hat er ein Wissen zur Verfügung, mit welchem er das Leben befruchten kann. Wir finden immer wieder bei den verschiedensten Initiierten diesen Weg beschrieben und als Führerin in die geistige Welt eine Frau, die so wie auch bei Brunetto Latini als die Göttin Natura bezeichnet wird.

Mit demgenigen, der heilen will, steht es nun so, daß er niemals zum Wissen einer Heilkunst kommen kann, ohne daß er sich wiederum verbindet mit dieser Initiationswissenschaft, sich in ihr unterrichten läßt oder selber den Weg in die geistigen Welten sucht.'

Zum Abschluss

Meine Absicht war es, eine einfache Anleitung zur Meditation zu geben. Im Zurückschauen auf das, was nun geschrieben ist, kann ich es nicht ‚einfach‘ nennen. Zumindest ist es nicht ‚simpel‘, einfach ist es sehr wohl. Aber das Kennzeichen von Einfachheit ist nun einmal, dass sie so schwer ist, weil sie hinter dem Komplizierten liegt, nicht davor. Was davor liegt, ist simpel, nicht einfach. Man könnte sagen, Meditation ist der Weg zur Einfachheit. Die Einfachheit liegt nicht nur nach dem Komplizierten, sie ist zugleich *nur* ‚hinter‘ der völligen Überwindung der niederen Persönlichkeit zu finden: der gänzlichen, vollkommenen Opferung aller Selbstliebe. Eigentlich ist der hier beschriebene Weg ein Pfad der Entdeckung, wie groß die Selbstliebe in Wirklichkeit ist, und ein systematisches Überwinden von dieser. Eine große Selbstliebe lebt in jedem Menschen, auch in unsicheren Menschen, in Menschen mit wenig Selbstgefühl, in Menschen, die sich selbst heruntermachen. Selbstkritik ist Selbstliebe; Selbstgenügsamkeit ist Selbstliebe. Im gewöhnlichen Leben ahnen wir überhaupt nicht, wo sich diese Liebe überall eingenistet hat. Askese ist ebenso sehr Selbstliebe wie ein großzügiger Lebensstil. Wir brauchen nicht in diesen äußerlichen Extremen zu suchen. Es geht um die feinen, innerlichen Verzweigungen der Selbstliebe, die zu deren Wurzel führen. Nur das Finden der Wurzel bringt die völlige Selbstüberwindung, die jeder Mensch in sich selbst und nur in sich selbst erringen kann. Sie kann von anderen nicht beurteilt, nicht gemessen werden. Sie ist ein Gebiet vollkommener Freiheit.

Der meditative Weg, der hier beschrieben ist, beginnt

mit einem Verstärken des Willens und damit einem Verstärken der Persönlichkeit – im innerlichen Sinne. Nur dadurch kann das Selbst in allen Verästelungen wahrnehmbar werden. Würde man nicht so vorgehen, dann könnte man Äußerungen von Selbstliebe bekämpfen, würde aber nicht bemerken, wie das Selbst zwar *hier* ,weggedrückt' wird, sich jedoch *dort* wieder unbemerkt ausstülpt. Nur buchstäbliche Selbsterkenntnis bringt das Selbst im vollen Lichte zur Erscheinung.

Die beschriebenen Resultate des Meditierens beziehen sich alle auf die notwendige Umwandlung des Bewusstseins. Ohne diese Umwandlung ist ein verlässliches Schauen der geistigen Welt, eine Geisteswissenschaft, nicht möglich. Weiter als bis zu einer Beschreibung dieser Umwandlung des Bewusstseins bin ich in diesem Buch nicht gegangen. Dann folgt das lange Warten. Die bis zum Äußersten gesteigerte innerliche Aktivität tastet ins Nichts, nimmt nichts wahr als nur sich selbst. Das Meditieren wandelt sich bei voller Stärke der Aktivität in ein stilles Wachen und Warten. Die Seele, das Selbst, lernt warten auf eine Berührung durch den Geist. Solange die Aktivität noch Inhalt hat, wird man keine Berührung gewahr werden; es gibt noch immer den eigenen Anteil. Die Seele muss erst in voller Aktivität still werden können, aber nicht gleichgültig still. Sie lernt, in Verwunderung und tiefer Ehrfurcht die Berührung zu erwarten. Es ist die Stimmung der wahren Mystik, die *nach* der vollen Entfaltung des Selbst im Denken erreicht wird.

> ,Erstreben nichts, nur friedsam ruhig sein,
> Der Seele Innenwesen ganz Erwartung –
> Das ist die Mystenstimmung. – Wer sie weckt,
> Der führt sein Inneres hin zum Lichtesreich.

Das äußre Werk verträgt nicht solche Stimmung.
Wenn ihr durch Mystik dieses suchen wollt,
Ertötet ihr mit Mystenwahn das Leben.' XII

So kann Meditation nicht beginnen, wohl aber kann sie sich so vollenden. Diesem 'Ende' folgt dann – nach einer Zeit des Wartens – ein neuer Beginn: ein wirkliches Einströmen der geistigen Welt.
Es hing ein Schleier vor dieser geistigen Welt, man war es selbst. In Verwunderung und Ehrfurcht löst sich dieser Schleier auf, wird langsam durchsichtig. Es war der physische Leib, das eigene Wollen und Denken, das Selbstgefühl, das sich vor der geistigen Realität ausbreitete. Zuerst muss dies alles sterben, wirklich sterben, damit das Denken, Fühlen und Wollen in Übereinstimmung mit dem Denken, Fühlen und Wollen der geistigen Welt sein kann.

Dann *ist* man da, man ist noch immer staunende, ehrfürchtige Aktivität, in vollem Zusammenklang mit einer höheren geistigen Welt, durch die man erzogen werden wird, mit vollem Bewusstsein und eigener Zu-stimmung, in vollkommener Übereinstimmung mit der eigenen Freiheit.

Man wird mit Geist getauft, und man wird ein neuer wahrhafter Mensch werden, nicht aus Blut, noch aus der Begierde des Fleisches oder dem Willen eines Mannes – sondern aus Gott geboren.

Hinweise

I   Um der Unbefangenheit willen und um die Heiligkeit zu schützen, habe ich als Andeutung für den großen Lehrer, den der Westen gehabt hat und der um die Wende des 19. zum 20. Jahrhundert lebte, den Namen *Meister des Abendlandes* gewählt. Rudolf Steiner war sein Name.

II   Rudolf Steiner, *Alte und neue Einweihungsmethoden*, GA 210, Vortrag vom 18.2.1922.

III   Rudolf Steiner für Marie Steiner, 1922.

IV   Rudolf Steiner, *Philosophie und Anthroposophie*, GA 35.

V   Rudolf Steiner, *Einleitung zu Goethes naturwissenschaftlichen Schriften*, GA 1.

VI   Mieke Mosmuller, *Lotus und Lilie. Dialog zwischen einem Buddhisten und einem Christen* (in niederländischer Sprache). Occident, Den Haag 1997. Übersetzung in Vorbereitung.

VII   Für ein Studium von Karma und Reinkarnation im christlichen Sinne sind die folgenden Bücher von Rudolf Steiner zu empfehlen: *Theosophie* (GA 9), *Die Offenbarungen des Karma* (GA 120), *Wiederverkörperung und Karma* (GA 135), *Esoterische Betrachtungen karmischer Zusammenhänge I* (GA 235).

VIII Rudolf Steiner, *Vom Menschenrätsel*, GA 20.

IX   Mieke Mosmuller, *Lotus und Lilie*, a.a.O.

X   Novalis, *Werke in einem Band*, Insel Verlag, S. 365.

XI   ebd., S. 334.

XII   Rudolf Steiner, *Mysteriendramen*, Band II, S. 174.

Werke von Mieke Mosmuller

Zoek het licht, dat opgaat in het westen. Occident 1994.
Suche das Licht, das im Abendlande aufgeht. Occident 1994.
Moeder van een Koning. Occident 1995.
Mutter eines Königs. Occident 2004.
Gardevias. Occident 1996.
Lotus en Lelie. Occident 1997.
Ballade in g-klein. Occident 1998.
Ethisch Individualisme versus Kommunikatief Handelen, Kritiek op Jürgen Habermas' Theorie. Occident 1998.
Gewoon God. Gesprekken met Toon Hermans. De Fontein 1998.
Der deutsche Geist. Occident 2000.
De man in het Vondelpark. Occident 2000.
Huis zonder Vensters. Occident 2001.
Meditatie. Occident 2001.
De wijsheid is een vrouw. Occident 2003.
Die Weisheit ist eine Frau. Occident 2006.
Johannes. Occident 2003.
Koningsweg. Occident 2005.
De heilige Graal. Occident 2005.
Der heilige Gral. Occident 2007.
Inferno. Occident 2007.
Waarom zou ik mediteren? Occident 2008.
Stigmata und Geist-Erkenntnis. Occident 2008.
Der lebendige Rudolf Steiner. Eine Apologie. Occident 2008.
Inferno. Occident 2008.
Eine Klasse voller Engel. Über die Erziehungskunst. Occident 2009.
Arabeske. Das Integral Ken Wilbers. Occident 2009.
Hemelse Roos. Occident 2010.
Das Tor zur geistigen Welt. Occident 2010.
Meditation. Occident 2010.